눈치코치 심리학

눈치코치 심리학!

시부야 쇼조 지음
정은지 옮김

바이북스
ByBooks

옮긴이 _ **정은지**

동덕여자대학교에서 일어일문학과를 전공하고 일본에 건너가 동경외어전문학교 일한통역과를 졸업
했다. 현재는 SBS 번역대상 최종 심사기관으로 위촉된 (주)엔터스코리아 전속 번역가로 활동 중이
다. 역서로는 「남자들은 왜 악녀에게 끌리는가」, 「아름다운 말이란」, 「익사」, 「아이의 마음을 코칭한
다」, 「월드픽쳐 시리즈 10권」 등이 있다.

눈치코치 심리학

초판 1쇄 발행 _ 2006년 7월 7일
초판 2쇄 발행 _ 2008년 5월 15일

지은이 _ 시부야 쇼조
옮긴이 _ 정은지

펴낸곳 _ 바이북스
펴낸이 _ 윤옥초

책임편집 _ 윤현주
편집팀 _ 임종민, 이성현, 김주범
표지디자인 _ 최승협
책임디자인 _ 황성실
디자인팀 _ 방유선, 원선경, 최윤희, 김은빈
일러스트 _ 김준연

ISBN _ 89-957444-7-2 03180

등록 _ 2005. 07. 12 | 제313-2005-000148호

서울시 마포구 서교동 395-166 서교빌딩 703호
편집 02) 333-0812 | 마케팅 02) 333-9077 | 팩스 02) 333-9960
이메일 postmaster@bybooks.co.kr
홈페이지 www.bybooks.co.kr

책값은 뒤표지에 있습니다.

바이북스는 책을 사랑하는 여러분 곁에 있습니다.
독자들이 반기는 벗 – 바이북스

상대방의 진심을 알아야
당신이 원하는 것을 얻을 수 있다.

저자의 말

!

우리는 매일 누군가와 만난다. 전철에서 우연히 만나 스쳐 지나가는 '생판 남남'도 있지만 지금부터 관계를 맺어가는 '타인', 다시 말해 '미래의 지인'도 있다. 그러나 누구와 만나든 '나는 첫 만남에 자신 있다'고 말하는 사람은 그다지 많지 않다.

만약 '눈치코치로 빠른 시간 내에 다른 사람의 심리를 제대로 읽을' 수 있다면 이것만큼 생활에 도움이 되는 것은 없을 것이다.

취직을 위한 면접이나 비즈니스상의 만남, 남녀 간의 미팅, 입학 등등, 우리는 일상에서 수많은 새로운 만남에 직면한다. 그런데 우리는 너무 긴장한 나머지 의도하지 않은 말이나 행동을 하거나 하고 싶은 표현을 못 할 때가 종종 있다.

앞뒤 두서없는 말을 내뱉기도 하고 어눌한 말투로 오해를 사기도 한다. 심지어 어떤 때는 자기도 모르게 예의에 어긋한 행동을 하여 분위기를 싸늘하게 만들기도 한다. 이런 실수는 모두 상대방을 잘 모르기 때문에 일어난다.

그런데 '만난 순간' 상대방이 어떤 사람인지 파악할 수만 있다면 어떨까? 긴장하지 않고 상황에 맞춰 대응할 수 있지 않을까? 또한 같은 실수를 반복할 위험도 줄어들 것이다.

그런 의미에서 이 책은 당신의 일상생활과 인간관계에 적지 않은 도움이 되리라 믿는다. 자기 자신을 돌아보면서 동시에 다른 사람의 표정과 행동에도 주목하자. 어느 순간에도 '자기탐색' 보다 '타인탐색' 이 중요하다는 사실을 잊지 마라. 다른 사람을 알면 자연스럽게 자기 자신에 대해서도 자각하게 되는 법이다.

시부야 쇼조

CONTENTS

- "그게 뭘 의미하는지 제대로 알기나 해?"
  – 언제나 자기가 옳다고 생각하는 사람

- "이번에는 진짜야"
  – 다음번에도 도움이 되지 않는 사람

- "고민이 없어서 좋겠다"
  – 언제까지나 고민에 끌려 다니는 사람

- "과학적으로 설명되지 않는 문제도 있잖아?"
  – 완전한 어른이 되지 못한 사람

- "나한테는 안 맞는 것 같아"
  – 노력할 마음이 없는 사람

- "내가 젊었을 때는 말이지……"
  – 지금의 자신을 위로하고 있는 사람

- "나를 믿으라니까"
  – 누구에게도 신용을 얻지 못하는 사람

- "그는 꼼꼼한 A형이니까"
  – 자신의 형편에 맞게 상대방을 판단하는 사람

- "저 말인가요?"
  – 자신에 대한 콤플렉스가 있는 사람

- "그거 나도 알아!"
  – 앞을 내다보지 못하는 사람

CHAPTER 1

머리 좋은 사람,
머리 나쁜 사람,
행동을 보면 알 수 있다

눈치코치 심리학

01

초면에 상대방의
눈을 보면서 말하는 사람은
자신감이 넘치는 척할 뿐이다

처음 만난 사람에게 "처음 뵙겠습니다. 저는 □□□라고 합니다"라고 자기소개를 할 때(혹은 제삼자가 당신을 누군가에게 소개해줄 때) 상대방의 눈을 보면서 인사하는 것이 사회인으로서의 매너라고들 말한다. 그렇다면 상대방과 눈을 마주치지 않고 인사하는 사람은 대인관계에 서투른 것일까?

상대방과 명함을 교환하고 자기소개가 끝난 뒤 "다음 달에 예정

된 프로젝트에 관한 건입니다만⋯⋯" 하고 본론에 들어갔을 때, 상대방은 쳐다보지도 않은 채 앞에 놓인 자료에서 눈을 떼지 않거나, 상대방을 보다가도 눈이 마주치기가 무섭게 금방 시선을 딴 곳으로 돌리는 사람이 많다.

왜 그러는 것일까? 물론 초면에 긴장한 탓도 있겠지만, 이는 무엇보다도 자신의 페이스를 잃지 않으려는 심리가 작용하기 때문이다.

사람들이 자꾸만 시선을 피하는 것은 무의식중에 '처음 시작이 중요해. 내가 주도권을 잡아야 해' 또는 '저쪽이 반론을 제기하기 전에 내 의견부터 말하자'라고 생각하기 때문이다.

그와 달리 초면에도 상대방의 눈을 똑바로 쳐다보고 말하는 사람이 있다. 이런 사람들은 불안감이나 긴장감을 별로 느끼지 않는 타입으로 '내 첫인상이 어땠을까?', '이 프로젝트를 어떻게 생각할까?' 등, 상대방의 감정과 생각을 염두에 두기보다는 그를 납득시키려는 의식이 강하다. 그래서 자신감에 넘치고 열정적인 사람처럼 보인다.

한편 상대방의 눈을 필요 이상으로 뚫어지게 보는 사람 중에는 오히려 '자신감이 없는' 경우도 많다. 이런 사람들의 대부분이 긴장해서 말이 빨라지고 손바닥에 땀이 흥건히 맺히는 것이 바로 그 증거다.

02
상대방의 눈을 뚫어지게 쳐다보는 사람은 의심이 많다

대화 중에 상대방과 시선을 맞추는 빈도는 성별에 따라 각각 다르다. 통계적으로는 여성이 남성보다 상대방과 시선을 맞추는 횟수가 많고 그 시간도 길다고 한다.

호기심이나 친근감의 표현으로 상대방의 눈을 응시하는 경우가 많은 여성과 달리, 남성은 상대방의 눈을 똑바로 쳐다보길 꺼린다. '상대방의 눈을 지나치게 응시하는 것은 실례'라는 인식 때문이다. 상대방의 눈을 쳐다보는 것은 친근감이나 호기심을 표현하는 행동이기도 하지만, 자칫 상대방을 탐색하거나 위협하는 행동이 될 수도 있다. 원래 공격적인 성향이 강한 남성은 자신이 상대방에게 그렇게 보이는 것을 경계하고 두려워한다.

물론 상대방의 눈을 빤히 쳐다보면서 말하는 남성도 있다. 그들은 대체로 '이 사람이 지금 무슨 생각을 할까?' 라며 상대방을 탐색한다. 그리고 그 이면에는 '아무리 그렇게 말해도 난 안 넘어가' 라는 경계심과 상대방의 본심을 읽고자 하는 심리가 작용한다. 그들 대부분은 의심이 많은 성격이거나, 근본적으로 타인을 믿지 못하는 경향이 강하다.

만약 처음 만난 사람이 이런 태도를 취한다면 말보다는 행동으로 분위기를 부드럽게 이끌어 그의 의심과 불신감을 조금이라도 해소시켜라.

단, 여기서 주의해야 할 사항이 있다. 자신에 대한 불신감을 해소하겠다는 일념으로 상대방의 의견을 무조건 수용해서는 안 된다는 것이다. 그랬다가는 나중에 큰 코 다칠지도 모른다. 상대방이 당신에 대해 '열 길 물속은 알아도 한 길 사람 속은 모른다' 는 식으로 의심을 품고 있는 마당에 그가 어떻게 행동할지 누가 알겠는가.

03

대화 중에 시선을
이리저리 굴리는 사람은
예술가 타입이다?

대화 중에 시선을 어디에 둘지 몰라 안절부절못하는 사람이 있다. 이런 사람은 당신과의 대화 중에도 다른 생각을 하고 있을 공산이 크므로 상대방의 관심을 끌 만한 이야기로 화제를 돌리는 것

이 좋다.

또한 비즈니스 상담을 할 때 상대방의 시선이 멍하니 천장을 향해 있는 듯한 느낌을 받는다면 무리하게 계속 상담하지 말고 "이건은 다음에 천천히 다시 한 번 얘기해보기로 할까요?"라는 식으로 분위기를 바꿔라. 상대방은 분명 다른 중요한 어떤 일로 좌불안석임에 틀림없다.

만약 애인이나 친구처럼 사적인 관계의 사람들이 이런 반응을 보인다면 그들은 속으로 '영 따분하군. 화제 좀 바꿨으면' 하고 생각할지도 모르므로, 자연스레 화제를 돌리거나 "요즘 재밌게 본 영화가 뭐야?"라며 상대방이 말하도록 분위기를 유도하고 그 반응을 살펴보라.

한편 상대방이 시선을 멍하니 딴 데 두는 것은 아닌데, 당신과 눈이 마주치기가 무섭게 얼른 시선을 피하거나 이야기를 하다가

고개를 푹 숙인다면, 그는 지금 당신에게 할 말이 있으나 좀처럼 입을 열기가 어려워 고민하고 있을 확률이 높다. 즉 당신은 십중팔구 좋지 못한 소식이나 심각한 이야기를 들을 것이다. 만약 마주앉은 상사나 연인에게서 이런 기색이 역력하다면 '분명 무슨 일이 있는 것이므로' 마음의 각오를 단단히 해두는 것이 좋을 것이다.

물론 상황이나 심리와 관계없이 단순히 습관적으로 시선을 이리저리 굴리는 사람도 있다. 그들은 상대방과 대화 중에도 자기만의 세계에 빠져버리는 몽상가 타입일 확률이 높다.

이야기를 이해하지 못하거나 흥미가 없어서가 아니라 오히려 머리회전이 너무 빨라 생각이 앞서 나가기 때문에 시선을 한곳에 두지 못한다. 주로 예술가처럼 창조적인 일을 하는 사람들이 이 유형에 속한다.

04

말을 빨리 하는 사람은
머리회전도 빠르다?

　말을 빨리 하는 사람은 그만큼 머리회전이 빠르거나 똑똑하다고 생각되기 쉽다. 물론 혀와 입술 놀림이 빠른 것은 인정한다. 그러나 그것이 과연 머리회전과 관계가 있을까?

　말하는 속도는 성격이나 습관과 관련이 있을 뿐이다. 자기는 빨리 말할 작정이 아닌데 그렇게 되는 사람이 있고, 또 그 반대의 경우도 있다.

머리회전은 빠르지만 머릿속에서 내용을 차근차근 정리한 뒤에 차분하게 말하는 사람이 있고, 말하면서 자신의 생각을 정리해가는 사람도 있다. 요컨대 말하는 속도는 머리가 좋고 나쁨을 가릴 수 있는 것이 아니라, 성격을 판단할 수 있는 요소인 것이다.

자기도 모르게 말을 빨리 하는 사람은 자신의 말에 귀 기울여주길 바라는 심리가 크게 발동하는 타입이다. 자기 주장이 강하다기보다는 '나에게 관심을 가져줬으면', '내 말에 집중해줬으면' 하는 친화욕구가 강한 성격의 소유자라고 보는 편이 옳다.

일반적으로 여성이 남성보다 친화욕구가 강하다고 알려져 있다. 대체로 남성보다 여성이 말을 더 빨리 하는 것을 보면 충분히 납득할 만한 이야기다. 게다가 여성의 목소리 톤이 남성보다 높아 비슷한 속도로 말해도 여성이 더 빨리 말하는 것처럼 들린다.

또한 생각나는 대로 즉시 말로 표현하는 사람도 말이 빨라지기 쉽다. '이 말을 해야지' 하고 생각하는 동시에 말이 튀어나오는 사람은 좋게 말하면 센스가 있고, 나쁘게 말하면 어린아이처럼 앞뒤 생각 없이 말한다고 할 수 있다. 이런 타입은 때때로 상대방을 질리게 만들 수 있으므로 각별한 주의가 필요하다.

그와 달리 천천히 조리 있게 말하는 사람이 있다. 행동할 때도 과정과 결과를 꼼꼼히 따져본 후, 모든 일을 차근차근 진행시켜가는 타입이다. 이런 사람은 사람이나 물건을 평가할 때도 첫인상만으로 판단하지 않는 신중파다.

사적인 관계에서 가벼운 대화를 나누는 정도라면 약간 빠른 말투가 리듬감도 느껴져 즐거울 것이다. 그러나 비즈니스 상담이나 중요한 교섭을 위한 대화라면 신중하고 침착한 말투와 속도로 상대방에게 신뢰를 주어야 한다. 그렇게 해야 비즈니스를 성공적으로 이끌어갈 수 있다.

05
목소리가 큰 사람일수록
어린아이처럼 마음이 여리다

　말하는 속도처럼 그 사람의 성격을 가늠케 하는 또 다른 요소로
성량을 들 수 있다.

　필요 이상으로 목소리가 큰 사람은 '내 얘기를 들어달라' 는 자
기 주장이 강할 뿐만 아니라 '인정받고 싶은' 욕망 또한 강하다.
바꿔 말하면 이야기의 내용이나 자신에게 내려질 평가에 대해 자
신감이 없기 때문에 목소리의 힘을 빌어서라도 어떻게든 자신의

의견을 피력하려는 타입이다. 그래서 얼핏 보면 강한 성격의 소유자처럼 보이지만 실제로는 소심한 경우가 많다.

사람은 화가 났거나 놀랐을 때 자기도 모르게 목소리가 커진다. 이처럼 성량은 감정의 정도와도 비례한다. 이런 의미에서, 사소한 일에도 금방 목소리가 커지는 사람은 감정 컨트롤이 서툰 어린아이와 같은 성격의 소유자라고도 할 수 있다.

한편, 부하직원을 혼낼 때는 포효하는 맹수 같으면서 상사 앞에서는 모기 소리를 내는 사람이 있다.

혹은 직장에서는 있는 둥 없는 둥 눈에 띄지도 않는 존재인 사람이 집에만 가면 말투가 거칠어지고 목소리가 커지기도 한다.

이런 타입은 자기 주장을 펼칠 수 있는 상황이나 사람 앞에서만 큰소리를 낸다. 그런 식으로 직장이나 상사에게서 받은 스트레스를 발산하는 것이다. 이런 사람에게 당하는 부하직원이나 가족의 심정은 오죽 참담할까?

반대로 목소리가 작은 사람은 어떨까? 무슨 말을 하는지 도통 알아듣기 힘들 만큼 웅얼웅얼 기어들어가는 목소리 또한 상대방을 곤란하게 만들기는 마찬가지다. 들릴락 말락 한 작은 목소리로 말하는 것 자체가 자신의 의견을 상대방에게 정확히 전달하고자 하는 의욕이 없다는 증거다. 이런 타입은 전달하고자 하는 이야기에 '자신감이 있다 없다'를 논하기 전에, 말하는 행위 자체가 서툰 사람으로 의사소통하기가 싫은 것처럼 보이기도 한다.

이야기하려는 내용을 상대방에게 알아듣기 쉽게 제대로 전달할 때 비로소 대화는 성립된다. 때와 장소에 맞게 성량을 조절하지 못한다는 것은 상대방을 배려할 줄 모른다는 의미이므로, 그런 사람은 '머리가 나쁜 사람'으로 인식될 것이 뻔하다. 그렇다 해도 자업자득이므로 누구를 원망할 수도 없다.

06
전화 목소리가 밝은 사람은
실제 인간관계에 서툴다

전화통화는 직접 얼굴을 맞대고 대화할 때보다 상대방의 말투나 성량 등의 느낌이 잘 전해져오기 때문에 그 사람의 본성을 파악하기 쉽다.

전화감이 멀어 상대방의 목소리가 잘 들리지 않을 때에는 상대방도 자신의 목소리가 잘 들리지 않을 것이라고 착각해 자기도 모르게 목소리 톤이 높아진다. 이는 상대방의 모습이 보이지 않는 만큼 목소리 톤이나 대화의 속도에 더 민감하게 반응한다는 증거다. 따라서 직접 얼굴을 마주할 때보다 상대방을 더 잘 파악할 수 있다.

영업사원처럼 고객과 직접 부딪히며 업무를 하는 사람들 대부분은 전화통화를 할 때 생기 있는 목소리로 "안녕하세요! 그동안 별일 없으셨나요?"라고 말한다.

업무가 업무이니만큼 항상 밝은 모습과 정중한 태도로 고객을 대해야 하는 것은 당연한 일이다. 그러나 필요 이상으로 목소리 톤이 높은 사람 중에는 본인 스스로 '고객 접대 모드'를 지나치게 인식하고 있는 경우가 많다.

즉, 고객에게 밝고 생기 넘치는 모습을 보이기 위해 스스로 자신을 격려하면서 필요 이상으로 크고 밝은 목소리를 내는 것이다. 원래는 쑥스러움을 잘 타고 남 앞에 나서지 못하는 성격이라 자기한테는 접대 업무가 맞지 않다고 생각하면서도, 주어진 일에는 최선을 다해야 한다며 자신을 채찍질하고 있다고 표현해도 좋다.

혹은, 일부러 밝고 활기찬 모습을 보임으로써 '보세요. 저는 지금 이렇게 열심히 맡은바 임무에 최선을 다하고 있다고요.'라는 인식을 전화 저편의 상대방이 아닌, 가까이에 있는 상사에게 어필하고 있을 수도 있다.

이런 행동은 마음에 드는 이성이 가까이에 있어도 직접 말 한마디 걸지 못하면서 저쪽에 있는 다른 사람에게 큰 소리로 말을 걸어 관심을 끌려는 심리와도 상통한다.

또한, 목소리는 밝고 생기 넘치지만 상대방과 사적인 대화는 거의 하지 않고 업무에 필요한 이야기만 나누고 난 후 바로 전화를 끊는 사람도 있다. 이런 사람은 성격상 주어진 일에는 책임감을 가지고 최선을 다하는 노력파지만, 실제로 마음을 드러내고 타인과 소통하는 데는 서툰 경향이 있다.

 이와는 반대로 업무에 관한 대화를 다 끝내고도 좀처럼 전화를 끊을 타이밍을 잡지 못해 이런저런 세상사나 사적인 이야기를 나누고 나서야 겨우 전화를 끊는 사람도 있다. 이런 사람은 사람을 좋아하는 타입으로, 인간관계도 원만하지만 지나치게 상대방의 마음을 헤아리다가 오히려 자기가 피곤해지기도 한다.

별로 친하지도 않은 두 여성이 전화기를 붙들고 끊임없이 수다를 떠는 상황을 예로 들어보자. 절친한 사이라면 모르겠지만, 남성들의 눈에는 이런 모습이 영 이상하게 보인다. 그러나 이런 상황은 대개 "자, 그럼 이만 끊을게요"라고 딱 부러지게 말했다가 행여나 상대방의 기분이 언짢아지지 않을까 싶어 서로의 눈치를 살피면서 전화를 끊지 못하는 데서 벌어진다.

이와 같은 상황에서 대화가 자연스럽게 이어지지 못하고 침묵하는 시간이 길어지는 경우를 관찰해보자. 또 다른 성격을 엿볼 수 있다. 서로 얼굴을 보면서 이루어지는 대화라면, 상대방이 가끔씩 아무 말도 하지 않고 가만히 있더라도 표정이나 행동을 보고 '지금 생각을 정리하고 있나 보구나' 등으로 상대방의 상황이나 기분을 살필 수 있다. 그렇지만 전화는 다르다. 침묵하는 순간, 커뮤니케이션은 완전히 단절되고 만다.

이런 점을 배려하지 않고, 전화통화 중에 자주 침묵하여 상대방을 당황하게 만드는 사람은 대부분 상대방의 기분 따위는 아랑곳하지 않는 마이페이스 타입이라고 할 수 있다. 이런 사람은 일상생활에서도 독선적인 면이 쉽게 드러나므로, 다른 사람들과 트러블이 생기지 않을까 염려된다.

07

대화 중 지시대명사를 자주 쓰는
사람은 배려심이 부족하고
머리회전도 둔하다

"자네, 지난번 그거 어떻게 됐나?"

"저기 있던 그거, 어디다 놨어?"

처음 문장은 상사가 부하직원에게 업무 진척에 관해 묻는 것이
고, 두 번째는 남편이 아내에게 서류를 어디에 두었는지 묻는 문장
이다.

말하는 본인, 즉 상사와 남편은 당연히 '그것'이 무엇인지 알고

있다. 그러나 갑자기 '지난번 그거' 혹은 '저기 있던 그거'라고 질문을 받은 부하직원이나 아내는 난감할 수밖에 없다. 그래서 의아한 얼굴을 하고 쳐다보기라도 하면, "그거 있잖아. 지난번 기획 건. 자네 설마 아직 안 해놓은 건 아니겠지?", "어젯밤에 얘기했잖아. 내일 꼭 가져가야 하는 중요한 서류가 있다고" 하면서 짜증을 내기 일쑤다. 그러면 부하직원이나 아내 또한 불쾌하기 짝이 없어진다.

서로가 알고 있는 사안이나 화제니까 금방 알아채주리라 기대하겠지만 이렇게 문자로 써보면 완전한 대화체가 아니라는 사실이 확연해진다.

원래 '저거', '그거', '저기' 등등의 지시대명사는 본론에 들어가기에 앞서 전 단계의 내용이 있고, 그 내용에 대한 쌍방의 공통 인식이 성립되어야 비로소 제구실을 다하는 품사다. 앞뒤 설명도 없이 갑자기 "그건 어떻게 됐어?" 또는 "저기 있던 그거 말이야"라고 말해봐야 상대방이 모르는 것이 당연하다. 더군다나 그것을 금방 알아채지 못한다고 짜증을 내는 사람이라면 머리가 나쁜 것은 둘째치고 타인에 대한 배려심도 없는 안하무인격인 사람이라 말할 수 있다.

물론 나이를 먹어갈수록 물건이나 사람의 이름이 금방 떠오르지 않을 때가 많다. 그렇지만 그럴 때일수록 상대방을 당황하게 만들지 않으면서 어떻게 슬기롭게 대처하느냐에 따라 그 사람의 '수준'이 드러나는 법이다.

"그게 누구였더라? 왜 그때 길에서 우연히 만났던 사람 있잖아요?"라고 말하면 누구에 대한 이야기인지 금방 떠올리기가 힘들다.

그러나 "두 달쯤 전인가? 시부야에 영화 보러 갔을 때 길 가다가 당신한테 말 걸었던 여자 있잖아요? 그 여자 생각 안 나요?"라고 물어보면 "아아, □□ 씨 얘기하나보네" 하고 상대방이 알아차리기 쉽다.

머리회전이 빠르고 남을 배려할 줄 아는 사람은 상대방의 이름이 떠오르지 않을 때, 그 사람을 연상시킬 만한 정보를 함께 알려준다. 이것이 현명한 사람들의 대화법이다.

08

양해 멘트를 잘 구사하는
사람이 인간관계도
원만하게 이끌 수 있다

"이렇게 말하면 혹시 오해하실지 모르겠습니다만……."

"현실적으로는 난관이 많다는 것을 잘 알고 있습니다만……."

이야기의 본론에 앞서 이런 식의 말을 듣는다면, 듣는 사람 입
장에서는 '서론은 필요 없으니까 빨리 본론이나 말하시지' 혹은
'그런 변명부터 할 거면 차라리 처음부터 말하지를 말지'라는 생
각이 들기도 한다.

그러나 정작 말하는 본인은 '이 말을 하면 이 사람들 기분이 상할지도 몰라' 또는 '어차피 현실적이지 못하다는 비판을 받겠지'라는 불안한 마음이 있기 때문에 일부러 본론에 들어가기에 앞서 이런 변명을 한다. 달갑지는 않지만 그런 변명을 달면서까지 반드시 그 말을 전해야 하는 입장이나 상황에 처해 있는 것이다.

번거롭기는 하지만 실제로 대화가 이루어질 때, 이처럼 '미리 양해 구하기 작전'의 효과는 꽤 크다.

"오해하실지도 모르겠지만……"이라는 말을 들은 상태에서는 듣는 쪽도 상대방의 말을 직접적으로 맞받아치지 않고 이면에 감춰져 있는 의도를 읽으려고 애쓰게 된다. 또한 현실적으로는 난관이 많다는 사실을 알고 있는 상황이라면 듣는 쪽도 그 부분은 제외하고 의견을 묻는다. 이런 방식의 포인트는 상대방에게 미리 '마음의 준비'를 시키는 데 있다.

만약 이런 사전 양해 없이 이쪽의 의견을 직접적으로 말하면 어떻게 될까? 어쩌면, '도대체 이런 말을 하는 의도가 뭘까?' 하고 상대방을 고민하게 만들거나 '이런 비현실적인 의견은 문제가 있다'고 냉정하게 비판받게 될지도 모를 일이다. 이런 관점에서 보면 본론을 말하기에 앞서 한두 마디 상대방의 양해를 구하는 멘트를 다는 것은 분위기를 부드럽게 이끌어가는 데 매우 효과적인 대화술이다.

처음에 구사한 멘트가 쿠션 역할을 하여 다음에 이어질 발언에 대한 반발을 약화시키는 것이다.

그런데 만약 이런 멘트를 나중에 단다면, 즉 "안 그래도 이런 문제 때문에 혹시 오해하시지 않을까 걱정했습니다"라든가 "비현실적이라는 것은 저도 잘 알고 있습니다"라는 식으로 나중에 말하면 효과는 반감된다. 오히려 상대방에게 "그런 변명은 필요 없어!"라는 말을 듣는 등, 장작불에 기름을 붓는 결과를 초래할 위험도 있다.

말하기 어려운 내용이나 자신 없는 의견을 말할 때에는 미리 상대방에게 상황을 설명해두는 것이 대화나 회의를 부드럽게 진행시키는 데 유리하다. 이렇게 미리 쿠션을 깔아두면 말하는 본인으로서도 침착하게 발언을 이어갈 수 있다. 이런 멘트를 적절하게 잘 구사하는 사람이야말로 '스마트한' 대화술을 토대로 인간관계 또한 무리 없이 이끌어갈 수 있다.

09
대화의 흐름을 자주 끊는 사람은
친구가 없다

본론을 말하기에 앞서 "그건 그렇지만……", "……라기보다……" 등의 멘트를 습관처럼 다는 사람은 앞에서 말한 유형과는 다른 타입이다.

'그건 그렇지만'으로 말을 시작하더라도 그 내용이 앞 사람의 의견이나 화제를 이어받은 것이라면 대화의 흐름을 단절시켜 분위기를 깨는 일은 없다. 그러나 '그건 그렇지만'으로 말을 꺼내놓고는 지금 하는 이야기와 전혀 무관한 화제를 갑자기 끄집어낸다면? 이야기를 듣는 사람 모두가 상황 파악이 안 돼 어리둥절해할 것이다.

'……라기보다……' 도 자주 사용하는 말인데, 이 말은 원래 "이 고기는 별로 신선하지 않아. 아니, 신선하지 않다기보다 솔직히 말하면 맛이 없어"처럼 표현을 정정할 때 '□□보다 △△가 적당하다' 는 의미로 사용된다.

그런데 요즘에는 다른 사람의 의견에 반대하거나 또는 전혀 다른 의견을 말할 때에도 자주 사용되는 것 같아 가끔씩 위화감을 느낄 때가 있다.

말하는 본인은 상대방의 의견을 전면 부정할 생각이 없다는 뜻에서 약간 부드럽게 표현할 작정으로 '……라기보다……' 는 말을 사용하는지 모르겠으나, 듣는 입장에서는 '뭐야 이거, 결국은 나랑 전혀 다른 의견이잖아!' 라는 생각에 화가 날 수도 있다. 이런 상황이 되면 자신의 이야기가 툭 잘려져나간 느낌이 들어 왠지 기분이 나쁘다.

상대방의 의견이나 화제를 무시하고 사용되는 '그건 그렇지만……' 과 '……라기보다……' 에는 결국, '그 얘기(화제)는 이제 됐으니까 내 얘길 좀 들어보라고' 라는 의식이 작용하고 있는 것이다.

앞 장에서 다루었던 분위기를 부드럽게 유도하기 위한 멘트를 응용한다면, "좀 다른 얘기이기는 한데……", "내 생각에는……" 등등, 자기가 끼어드는 취지를 분명히 말하고 화제를 돌리는 편이 상대방에게 불쾌감을 주지 않을뿐더러 분위기 또한 자연스러워진다.

10

최신 유행어를
못 써 안달인 사람은
주변 사람에게 경멸당한다

유행어나 전문용어를 무턱대고 쓰고 싶어하는 사람이 있다. 이러한 태도는 종종 주변 사람들을 거북하게 만든다.

유행어는 패션과 마찬가지로 그 시기가 지나면 진부하게 느껴지기 마련이다. 텔레비전이나 잡지를 보고 '나도 그 정도는 알고 있다'고 생각할 때쯤이면 벌써 지나간 유행어가 되어 '최신 유행'은 커녕 듣는 사람이 다 무안할 정도로 '한물간' 표현이 되는 경우도 종종 있다. 물론 본인은 모르고 있겠지만 말이다.

여기에는 젊은 세대와의 세대 공감 운운하면서 네티즌 용어를 남발하는 아저씨, 아줌마들도 포함된다. 그러나 TPO〔Time(시간), Place(장소), Occasion(상황)〕를 잘못 판단하면 크게 낭패를 보는 수가 있음을 명심하자.

예를 들어, 젊은 세대들 사이에서 많이 쓰는 말 중에 '비호감'이라는 말이 있다. 이는 '짜증나도록 싫은 사람'이라는 뜻의 은어로, 처음에 컴퓨터 채팅에서 사용되기 시작했다. 이처럼 네트워크상의 언어유희적인 용어가 실제 대화 속으로 옮겨오거나 본래 단어의 악센트를 바꾸어 발음하는 행위는 현대의 일본뿐만 아니라 동서고금을 막론하고 나타났다.

친한 사람들에게 가끔 장난으로 유행어를 사용하는 정도라면 문제가 없겠지만, '젊은 세대들과 세대 간의 벽을 허물고 싶다'는 등의 숭고한 정신을 바탕으로 별로 친하지도 않는 사람들에게까지 함부로 사용해서는 무안당하기 십상이다.

부하직원이나 자녀들에게 유행어를 써보았을 때 그들이 얼마만큼 친밀하게 받아들여주느냐를 보고 당신에 대한 친밀도를 판단해도 좋다.

전문용어를 남발하는 것도 좋지 않다. '나는 이런 어려운 말도 쓸 줄 안다'고 하면서 자기의 지적 수준을 어필할 심산이겠지만, 오히려 주변 사람들에게 "쉽게 말해도 될 걸 가지고 뭔 뜻인지도 모를 단어만 잔뜩 늘어놓고, 그 사람 머리가 좀 모자란 거 아니야?"라고 경멸당할 위험이 크다는 사실을 명심하자.

11

약속시간에
늘 늦는 사람은
위기관리 능력이 떨어진다

약속시간에 상습적으로 늦는 사람은 기껏해야 5분, 10분이기 때문에 정작 본인은 그다지 문제의 심각성을 모른다. 그러나 어김없이 약속시간에 늦는 사람은 자신의 성격이나 사고방식이 타인에게 그대로 노출된다는 점을 간과해서는 안 된다.

약속시간에 늦는 사람 또한 처음부터 늦을 작정으로 외출 준비를 하지는 않을 터이다. 그런 사람들은 보통 다음과 같은 식으로 계산한다.

'옷 갈아입는 데 15분, 역까지 걸어가는 데 10분, 그 다음에 전철 타는 시간이 30분이니까 5분 전에 도착한다 치고 총 1시간이군. 5시 약속이니까 4시부터 준비하면 되겠네.'

그러나 실제로 막 집을 나서려는 순간 급한 전화가 걸려오거나 열쇠 같은 것을 찾는 데 시간이 걸릴 때가 종종 있다. 이런 '예기치 못한 트러블'로 5분이나 10분 혹은 예상 외로 시간이 더 걸릴지도 모른다. 예정된 시간에 집을 나섰어도 전철이 늦게 도착하거나 전철역이 붐벼서 약속장소에 늦게 도착할 가능성도 있다.

이런 사람들은 미안한 기색 하나 없이 태연히 이렇게 말한다.

"미안, 미안. 막 나오는데 전화가 걸려오지 뭐야."

"전철이 늦게 오는 바람에 늦었어."

어쩌다 그랬다면야 '어쩔 수 없었나 보네' 하는 마음이 들겠지만, 5분, 10분을 늦는 사람은 대부분이 상습범이다. 이런 사람은 누구와 만나더라도 5분, 10분은 아무렇지도 않게 생각한다. 처음에 '5시 약속이니까 4시부터 준비하면 되겠네'라는 계산, 그 자체부터가 문제다.

늘 약속시간을 정확히 잘 지키는 사람은 '혹시나 하는 마음'에서 10분 정도 빨리 준비를 시작한다. 행여 예기치 못한 트러블로

시간이 지체되더라도 '플러스 10분'이 있기 때문에 상대방을 기다리게 하는 일은 없다.

약속시간에 항상 늦게 나타나는 상습범들에게는 '스케줄 관리가 엉망인 사람', '위기관리 능력이 제로인 사람', '항상 같은 실수를 되풀이하는 사람'이라는 꼬리표가 붙을 위험이 있으므로 주의해야 한다.

12

쉽게 승낙하는 사람이
나중에 쉽게 번복할
확률이 높다

"좀 부탁할 게 있는데, 괜찮아?"라는 말을 들었을 때 "응, 괜찮아. 무슨 일인데?"라고 가볍게 대답하는 사람이 있는가 하면, "부탁? 무슨 일인데?" 하고 걱정스러운 표정부터 짓는 사람이 있다.

과연 어느 쪽이 신용할 수 있는 사람일까?

또한 상사가 "누가 이거 좀 해줬으면 좋겠는데……" 하고 일을 맡기면 그 내용을 확인도 하지 않고 "예, 제가 할게요"라며 간단히 승낙하는 사람이 있다.

상사가 자기를 믿고 일을 맡겨준 만큼 그에 보답하고 싶은 마음은 이해가 간다. 그리고 여기에는 '이 일을 제대로 끝내면 분명 회사에서 나의 가치를 알아줄 거야' 하고 기대하는 마음이 있을 수도 있다.

그러나 막상 실제로 해보니 그리 녹녹한 일도 아닐뿐더러 상사가 요구하는 날짜나 목표를 맞추기가 여간 어려운 것이 아니다. 그제야 난감한 듯 "제가 하기에는 좀 벅찬 일이네요" 한다면? 너무나 경솔하고 무책임한 발언이 아닐 수 없다. 이래서야 사회인으로서의 체면도 말이 아니다. 이런 식으로 처음에는 "그러지요, 뭐" 하고 승낙하고는 나중에서야 "안 되겠다"고 말하는 사람들이 종종 있다.

개인적인 모임에서도 마찬가지다. "다음 주 일요일에 다 함께 당일치기 여행을 가기로 했는데, 같이 갈래?"라고 물었을 때 "와, 재밌겠다. 좋아, 좋아. 갈게!" 하고 그 자리에서 시원스럽게 대답하는 사람일수록 여행 날짜가 코앞에 닥쳐서야 "미안해, 일요일에 갑자기 일이 생겼어" 하고 약속을 취소한다.

부탁한 쪽이나 말을 꺼낸 쪽 입장에서는 당연히 그 사람이 해주겠거니, 오겠거니 하는 전제하에서 모든 상황을 계산하고 있기 때문에 갑자기 '안 되겠다'라는 대답이 돌아오면 황당하기 짝이 없다.

오히려 "음, 무슨 내용인데? 언제까지 해야 하는 일인데? 지금 당장 결정해야 해?" 하고 신중하게 물어오는 사람이 그 일을 맡았을 때 빈틈없이 처리해준다. 이런 사람은 경솔한 판단이 가져오는 마이너스적 측면을 분명히 잘 파악하고 있는 사람이다.

13
책상 위가 어질러진 사람은
과거에 대한 집착을
버리지 못한다

　보통 그 사람이 일하는 책상을 보면 그 사람의 성향이나 능력을 알 수 있다는 말이 있다. 그렇기 때문에 누가 보아도 창피하지 않도록 항상 책상 위를 깨끗하게 정돈해놓아야 한다는 설교를 듣기도 한다. 물론 서류나 필기도구 등이 깔끔하게 정돈되어 있는 책상을 보면 기분이 좋다. 책상 위가 정돈되어 있는 만큼 일도 차분히 잘하겠다는 인상을 주기도 한다.

그러나 단지 성격 자체가 지나치게 깔끔해서 정리하지 않고는 못 배기는 탓으로, 오히려 그런 결벽 증세가 인간관계에까지 좋지 못한 영향을 미쳐 고민하는 사람들도 적지 않다.

반대로 책상 위에 이것저것을 널려놓는 사람 중에는 "다른 사람이 보면 정신없이 널브러져 있어 지저분하게 보일지 몰라도 나름대로 규칙이 있다고. 어디에 뭐가 있는지 다 알기 때문에 문제없어"라고 반발하는 사람도 있다.

실제로 서재 전체가 방대한 자료와 책으로 덮여 있는 연구원이나 학자 중에는 "그 책은 책꽂이 몇 째 줄 오른쪽에서 몇 번째에 있어"라고 말하며 책의 위치를 전부 기억하고 있는 사람도 있으니, 다른 사람들에게 핀잔을 듣기 싫어서 그런 말을 하는 것만은 아닌 것 같다.

일을 잘하고 못하고를 떠나서, 책상 위가 항상 어질러진 사람은 정리정돈이 서툰 것만은 틀림없다. 이런 사람들은 '버리는 것에 서툴다'는 공통점을 가지고 있다.

벌써 끝난 업무의 자료인데도 '또 필요할 데가 있을지도 모른다'는 생각에 쉽게 버리지 못한다. 혹은 자신이 남긴 자취와 추억이 담긴 물건을 버리기가 못내 아쉽다. 이렇게 보면 물건을 소중히 다루는 사람이라기보다 과거에 끌려 다니는 성격이라고 말하는 편이 적절하겠다.

버리지 못하는 과거의 업무 자료나 이제 더 이상 쓰지 않는 물건은 그 사람의 마음에 잠재된 과거에 대한 집착을 상징한다. 다시 말하면 과거에 소중했던 것이라도 더 이상 쓰지 못하게 되면 미련 없이 버릴 수 있는 사람이야말로 과거에 대한 집착을 버리고 미래를 긍정적으로 생각할 수 있는 사람이다.

가끔은 과거를 돌아보는 것도 좋은 일이다. 그러나 과거에 집착했던 물건을 단호하게 버리고 나면 기분까지 상쾌해질 때가 있다. 버렸지만 마음 한편에서 언제까지나 숨 쉬고 있는 것, 그것이야말로 진정한 추억이다.

14

얼빠진 것처럼 보이는
사람일수록 집중력이 높다

책상이나 방이 어질러져 있는 사람일수록 머릿속이 잘 정리되어 있고 그 반대로 책상이나 방이 깨끗하게 정돈되어 있는 사람일수록 머릿속이 산만하다고 말하는 사람도 있다.

여기에서 말하는 '머릿속이 산만하다'는 말은 머리회전이 느리다는 의미가 아니다. 하나하나 순서대로 생각을 정리해가는 사람이 '머릿속이 잘 정리되어 있는 사람'이라면, 그에 반해 '머릿속이 산만한 사람'은 여러 가지 생각이 머릿속에서 두서없이 떠오르면 떠오르는 대로 그냥 놔두는 사람이다.

그 진위를 떠나서, 부스스한 외모에 단추도 제대로 채우지 않은 칠칠치 못한 옷차림을 하고도 아무렇지도 않게 거리를 활보하는 사람이 알고 봤더니 천재적인 학자였다든가 하는 비화는 자주 듣는 이야기다. 생각에 몰두한 나머지 옷매무새까지 신경 쓸 여유가 없었던 것이다.

굳이 옷차림을 예로 들지 않더라도 이른바 천재라고 불리는 사람들 중에는 자신의 연구 테마나 작품 이외의 딴 일에는 전혀 관심이 없어 보이는 사람들이 적지 않다.

평범한 샐러리맨 세계에서도 마찬가지다. 회사 일은 열심히 하면서도 일 이외에 딱히 이렇다 할 특별한 취미도 없고, 세상의 유행이나 사건에도 도통 관심이 없는 사람이 있다. 이런 사람은 무슨 이야기를 꺼내도 진지하게 반응하지 않기 때문에 처음 만나는 사람에게 '이 사람 혹시 어디 모자란 거 아냐' 하고 오해를 사기 쉽상이다.

그러나 일단 자기가 잘하는 일이 맡겨지면 마치 딴 사람이 된 듯 수완을 발휘하여 주변 사람들을 깜짝 놀라게 하는 경우도 심심치 않다. 그러므로 처음에 얼빠진 것처럼 보이는 사람이라도 우습게

봐서는 안 된다.

'이 사람은 보나마나 별 볼 일 없는 사람일 거야'라고 쉽게 판단했다가 나중에 낯 뜨거운 일을 당하거나 다른 사람들에게 '사람 보는 눈이 없다'고 편잔을 들을지도 모른다.

옷차림과 언동이 깔끔하고 빈틈없어 보이는 사람이 다른 사람의 평가나 외모에 집착하는 경향이 있기 때문에 오히려 조종하기 쉬울 때가 많다.

CHAPTER 2

무의식중에 드러나는
'표정과 행동'에서
그 사람의 진심을 알 수 있다

15

사람은 하반신에서 상반신으로 갈수록 거짓말을 할 확률이 높아진다

'사람의 입술만큼 믿을 수 없는 것은 없다.'

이것은 사람이 얼마나 거짓말을 잘하는지를 단적으로 표현한 말이라고 생각한다. 이 책을 읽는 당신도 처음부터 거짓말을 할 작정은 아니었지만 입술과 마음이 정반대로 움직여 결국 마음에도 없는 말을 해버린 경험이 있을 것이다.

사람의 말을 신용할 수 없다면 우리는 무엇을 신용해야 할까?

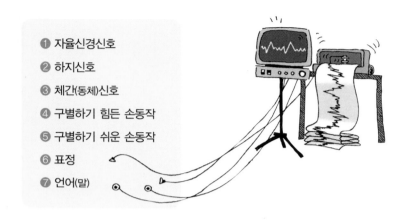

① 자율신경신호
② 하지신호
③ 체간(동체)신호
④ 구별하기 힘든 손동작
⑤ 구별하기 쉬운 손동작
⑥ 표정
⑦ 언어(말)

『털 없는 원숭이』의 저자로 잘 알려져 있는 동물행동학자 데스먼드 모리스는 사람의 행동을 지배하고 신뢰할 수 있는 수단을 다음과 같은 순서로 정의했다(여기서 말하는 '신뢰할 수 있다'는 말은 본심이나 진심이 그대로 드러남을 의미한다).

데스먼드 모리스의 연구에 따르면 땀을 흘리거나 맥박이 빨라지는 등의 생리적 반응을 일으키는 자율신경신호가 가장 신뢰할 수 있는 수단이며, 가장 신뢰할 수 없는 수단이 바로 언어다. 바꿔 말하면, 사람의 다양한 생리적 반응이야말로 본심을 가장 정직하게 표출하는 신호라는 것이다.

범죄 수사에서 사용되는 거짓말 탐지기는 용의자의 심장 박동수나 발한 정도를 체크하여 용의자의 심리 상태를 탐지하는 기계다.

이 통계를 보면 나름대로 고개가 끄덕여지는 장치가 아닐 수 없다.

주목해야 할 부분은 ❷하지신호에서 ❻표정까지 부분이다. 이것을 보면 사람은 하반신에서 상반신으로 갈수록 거짓말을 할 확률이 높아진다.

그렇기에 상대방이 무엇을 생각하는지 알 수 없을 때는 표정이나 상반신이 아니라 하반신의 움직임이나 상태를 체크해야 한다. 그래야만 정확한 판단이 가능하다는 사실을 기억하자.

16

다리를 떠는 사람은
불평불만으로 가득 차 있다

하반신의 움직임 중 가장 대표적인 것이 다리떨기다.

앉아서 쉴 새 없이 무릎을 달달 떨거나 꼰 다리를 무릎에서 대롱거리는 등, 사람에 따라 떠는 방법도 가지가지다. 그러나 이런 행동을 하는 사람들의 심리 상태는 거의 비슷하다. 무의식중에 다리를 떠는 행동은 심리학적으로 억압 행동의 일종으로 구분된다. 즉, 다리떨기는 심리적 스트레스나 스스로 도저히 감당하기 힘든 욕구불만을 억제하기 위한 행동이라고 알려져 있다. 때때로 이런 행동은 폭력 등으로 표출되기도 한다.

약속시간이 지났는데도 상대방이 나타나지 않는다거나 마감일이 다가오는데 생각처럼 일이 진척되지 않을 때 등등, 이런 현상은 대개 비슷한 상황에서 나타난다. 개중에는 이것이 습관이 되어버린 사람도 있다.

그런데 시간에 쫓기는 것도 아니고 마음 편하게 술을 마시거나 영화를 보면서도 무릎을 까딱까딱거린다면? 본인은 자각하지 못하지만 무의식중에 욕구불만을 느끼고 있음에 틀림없다.

그것은 단순히 현재 상황이 지루해서 그런 건지, 몸은 쉬고 있지만 일 때문에 마음이 불안해서 그런 건지 알 수 없다. 이런 습관은 불만과 불안을 다른 사람에게 터놓고 말하지 못하는 성격의 소유자에게 많이 나타난다. 억압된 마음이 말로 표현하지 못하는 만큼 하반신의 움직임으로 표출되는 것이다.

문제는 이런 행동이 주위 사람들까지 불안하게 만든다는 데 있다. 만약 당신의 친구나 연인이 함께 있을 때 쉴 새 없이 다리를 떤다면 무조건 막기보다는, "무슨 걱정거리 있어? 요즘 일은 좀 어때?" 하고 자연스럽게 고민을 털어놓을 기회를 만들어주는 것이 효과적이다.

만약 상사나 고객이 당신 앞에서 다리를 떨고 있다면 십중팔구는 마음에 걸리는 어떤 일이 있거나 불만이 있다고 보아도 틀림없다. 그럴 때는 '지금 이 사람은 심기가 불편하다'고 판단하고 주의 깊게 살피고 대응하자.

17

다리를 꼭 붙이고
앉아 있는 사람은
마음속으로 'NO'를 외친다

부하직원이나 담당 영업사원에게 상사나 고객의 심리 상태는 매우 신경 쓰이는 부분이다. 상사나 고객의 그날그날 기분 상태에 따라 일이 잘 풀릴 수도, 아닐 수도 있으므로 부하직원이나 영업사원은 이들의 행동에 주의를 기울여야 한다.

물론 상사나 고객도 어엿한 사회인이고 성인이므로 그 사람의 얼굴 표정만 보고 '기분이 좋다, 나쁘다'를 판단한다는 것이 쉽지만은 않을 것이다.

그렇다면 무엇을 보고 어떻게 판단하면 될까? 상대방의 기분을 알아보고 싶을 때에는 상대방의 얼굴이 아니라 다리를 주의해서 보기 바란다.

체크 포인트는 다음에 나열하는 네 가지다. 이것은 모두 그 사람의 릴렉스 정도(마음의 안정도)를 판단하는 척도가 된다.

❶ 다리를 꽉 붙이고 앉았는가, 느슨하게 벌리고 앉았는가
❷ 다리의 움직임이 안정되어 있는가, 아닌가
❸ 다리를 꼬고 앉았는가, 아닌가
❹ 의자에 깊이 앉았는가, 아닌가

다리를 벌린 정도는 열린 마음의 정도에 비례한다. 다리를 느슨하게 벌리고 있다면 상대방은 지금 당신에게 별다른 거부감을 느끼지 않는다고 보아도 좋다. 그러나 다리를 꽉 오므리고 앉아 있다면 당신을 받아들일 마음이 별로 없다고 생각해도 무방하다.

다리떨기와 마찬가지로 다리의 미묘한 움직임은 마음의 안정도와 관계가 있다. 상대방의 다리에서 침착함이 느껴지지 않는다면 무슨 다른 걱정이 있거나 심기가 불편한 상태이므로 복잡한 제안을 하거나 중요한 판단을 재촉하는 것은 금물이다. 물론 말과 행동에도 신중을 기할 필요가 있다.

다리를 꼬는 것은 보통 긴장했을 때의 동작이다. 그러나 의자에 앉을 때 습관적으로 다리를 꼬고 앉는 사람도 많으므로 '다리를 꼬고 앉아 있는 걸 보니 기분이 안 좋은가 보다'라는 섣부른 판단은 금물이다. 이럴 때는 발끝의 움직임이나 무릎의 움직임도 주의 깊게 살펴보자.

상대방이 허리를 의자 깊숙이 넣고 앉아 있다면 마음이 편안하다는 증거다. 그러나 좌불안석으로 의자 끝에 걸터앉아 있다면 마음이 불편하다고 판단하는 것이 좋다.

그러나 소파처럼 푹신한 의자라면 당신의 이야기를 경청하기 위해 상반신을 앞으로 내밀고 소파 끝에 걸터앉는 경우도 있다. 반대로 소파에 기대어 '너무 편한 자세'로 앉아 있다면 당신의 이야기에는 전혀 흥미가 없고 건성으로 고개만 끄덕이면서 오른쪽 귀로 듣고 왼쪽 귀로 흘려버리고 있을 공산이 크다.

18

상대방의 자세에서
나에 대한 호감도를 알 수 있다

표정이나 행동을 보고 상대방의 심리 상태를 파악하고자 할 때
에는 몸의 일부분이 아니라 다양한 제스처와 표정 등을 살핀 후,
복합적으로 판단하는 것이 좋다.

예를 들어 다리를 앞으로 쭉 뻗고 뒤로 떡 하니 기대앉은 자세
는 따분할 때나 이야기에 흥미가 없을 때의 전형적인 포즈다. 반
대로 다리를 벌리고 상체를 약간 일으켜 앞으로 내민 채 얼굴이

말하는 사람 쪽을 향하고 있다면 흥미를 가지고 대화에 몰두하고 있다는 사인이다.

그러나 같은 포즈라도 말하는 쪽을 노려보고 있다면? 그것은 적의를 품고 반론할 기회를 노리고 있다고 생각할 수 있다.

동물의 세계도 마찬가지다. 같은 행동을 취하지만 전혀 다른 의미로 해석될 때가 있다. 예를 들면 수컷 고릴라가 손으로 가슴을 쿵쿵 치는 행위는 경쟁자인 다른 수컷을 위협하는 행위이면서 동시에 암컷에 대한 구애 행위가 될 수도 있다.

그러므로 상대방의 몸짓이나 표정이 호감의 표시인지 적대감의 표시인지를 판단하기 위해서는 얼굴 표정이나 손동작을 비롯한 전체적인 요소를 관찰할 필요가 있다.

아까와 비슷하게 상체를 약간 일으켜 앞으로 내밀고 앉아 있지만 손으로 책상 위를 리드미컬하게 두드린다든가 가끔씩 얼굴을 찡그린다면, '전체적인 흐름은 이해하겠으나 납득이 가지 않는 부분도 있다' 또는 '당신의 이야기는 진지하게 듣고 있으나 반론의 여지도 있다' 등의 표현일 수도 있다. 이처럼 상대방의 몸짓이나 표정을 관찰하면 보다 세밀한 분석이 가능하다. 그렇다면 이쯤에서 일반적인 'YES'와 'NO' 사인을 정리해보자.

'당신의 말을 받아들이고 있다'는 YES 사인

① 어깨의 힘을 빼고 느긋한 자세를 취하고 있다

② 팔을 가볍게 벌리고 있다(앉아 있을 때)

③ 상대방의 몸이 당신 쪽을 향해 정면을 향하고 있다

④ 앉아 있는 상태에서 무릎이 당신 쪽을 향하고 있다

'당신의 말을 거부하고 있다'는 NO 사인

① 어깨에 힘이 들어가고 상체가 딱딱하게 굳어 있다

② 손을 책상 밑에 숨기고 있다

③ 손깍지를 끼거나 팔짱을 낀다

④ 상대방의 몸이 당신 쪽을 향해 비스듬히 향하고 있다

⑤ 무릎이나 손톱 끝이 당신과 다른 방향을 향하고 있다

19
세 번 이상 고개를
끄덕이면 'NO'라는 사인이다

'YES 사인' 하면 제일 먼저 떠오르는 것이 고개를 끄덕거리는 행동이다.

실제로 남의 말을 잘 듣는 사람에게는 특별한 '고개 끄덕이기 전략'이 있어 대화의 전개 내용이나 상황에 맞추어 적절하게 고개를 끄덕인다. 상대방의 말에 수긍하고 있음을 보여줌으로써 상대방을 안심시키는 것이다.

여기에도 미묘한 뉘앙스의 차이가 있는데, 일반적으로는 다음의 다섯 가지 패턴으로 분류된다.

❶ 나도 당신과 같은 생각이다(동의)
❷ 당신의 의견을 지지한다(적극적인 찬성)
❸ 당신이 말하는 대로 하겠다(수용)
❹ 당신이 말하는 내용을 이해한다(이해)
❺ 당신의 말을 진지하게 듣고 있다(사실의 전달)

그러므로 고개를 끄덕이는 상대방의 행동을 찬성이나 수용으로 판단할지 아니면 단순한 사실의 전달로 판단할지를 가늠하는 순간에 미묘하게 서로의 이해가 엇갈릴 때가 있다. 특히, 상대방과 시선을 마주치며 대화를 나눌 때 전혀 고개를 끄덕이지 않고 대화를 나눈다는 것은 심리적으로 매우 어려운 일이다. 때문에 반론이나 이의를 제기하고 싶은 상황에서도 나도 모르게 "흠, 흠" 하며 '고개를 끄덕이는' 일도 벌어진다.

이런 미묘한 상황에서는 고개를 끄덕거리는 빈도나 시선, 그 밖의 동작이나 표정을 보고 상대방의 마음을 판단할 수밖에 없다.

그런데 고개를 2번, 3번 반복해서 *끄덕거리면* 이것이 YES 사인인지 아닌지 도통 감 잡기 힘들 때가 있다. 상대방은 '네, 네, 이제 알았으니까 그만 하세요'라는 속내를 담아 이쪽의 이야기를 잘라버릴 심산으로 고개를 *끄덕*이고 있는지도 모르니까 말이다.

'호메고로시(칭찬으로 죽이기라는 뜻의 일본식 표현)'라는 말도 있듯이, 긍정적인 의미를 가진 말이나 행동이라도 필요 이상으로 반복하거나 과장되면 정반대의 의미를 가질 때도 있으니 주의해야 한다.

20
팔짱을 낀다는 것은
긴장하고 있다는 증거다

　만화에 등장하는 악당은 하나같이 자신의 위대함이나 존재감을 어필하기 위해 과장되게 팔짱을 낀 포즈를 취한다. 그만큼 팔짱을 끼는 행위는 사람들에게 위협적이고 근엄한 포즈로 인식되는 듯하다. 그러나 심리학에서는 이와는 정반대로 해석된다.

　물론 프로레슬러처럼 자기를 실제 이상으로 커 보이게 하기 위해 일부러 과장되게 팔짱을 끼는 포즈를 취하는 사람도 있다. 그러면 상대방에게 강한 인상을 줄 수 있기 때문이다. 그러나 이런 심리 저변에는 '상대방이 나보다 훨씬 강해 보이는 걸. 나도 그에 못지않다는 걸 보여줘야 해' 라는 초조함이 깔려 있다.

실제로 무의식중에 긴장이나 불안감을 느낄 때 나도 모르게 팔짱을 끼게 된다. 자신을 지키려는 심리에서 팔짱이 일종의 바리케이드로 작용하는 것이다. 불안하거나 긴장될 때에는 '누군가 옆에 있었으면', '누가 날 좀 안아주었으면' 하는 친화욕구가 생긴다. 즉, 팔짱을 끼는 행위는 다른 사람에게 안기는 대신 자기 팔로 자기를 안는 행위로 해석이 가능하다.

어쨌든 이런 행위는 상대방에 대한 위협이나 위엄은커녕 긴장과 불안의 표출에 불과하다. 그러므로 만약 상사가 팔짱을 끼고 당신의 업무 보고를 듣고 있다면, 아무 생각 없이 그저 "음, 음" 하면서 고개를 끄덕이는 것이 아니라 상사의 마음속에 긴장과 불안이 교차하고 있다고 보아도 좋다. 그것이 구체적으로 무엇인지는 모르겠지만 지금 보고하고 있는 업무 내용이 마음에 들지 않아 그럴 수도 있으므로 이럴 때는 미리 '변명'과 마음의 준비를 해두는 것이 좋다.

앞에서 팔짱을 끼는 행위가 '누가 날 좀 안아주었으면' 하는 친화욕구의 표출이라고 설명했는데, 오해가 없도록 한마디 덧붙이고

자 한다. 옆에 있는 여성이 팔짱을 끼고 있다고 해서, '아, 긴장해서 누군가가 안아주길 바라고 있구나'라고 멋대로 해석하여 어깨에 손을 두르려고 했다가는 "무슨 짓이에요!"라는 소리를 듣고 되레 낭패를 당하기 십상이다. 그녀가 안절부절못하는 원인이 당신 때문일 수도 있음을 염두에 두길 바란다.

21

거짓말은 숨기려고 하면 할수록
들통 나기 마련이다

거짓말을 해본 남성들 대부분은 '설마 내가 거짓말을 하고 있는 줄은 모르겠지' 하고 은근슬쩍 구렁이 담 넘어가듯 넘어가려다가 부인이나 애인에게 거짓말이 완전히 들통 나서 "숨기려고 해봤자 다 알아요. '거짓말'이라고 얼굴에 뻔히 써 있거든요"라는 핀잔을 들은 경험이 있을 것이다.

실제로 남편이나 애인이 거짓말을 할 때 육감으로 알 수 있다고 말하는 여성들이 적지 않다. 물론 '거짓말'이라고 얼굴에 써 있을리 없다. 이 말은 그동안의 경험으로 미루어 남편 혹은 애인의 표정이나 행동을 보고 직감적으로 느낌이 온다는 말이다.

대부분의 사람들은 거짓말을 하거나 꺼림칙한 일이 있을 때 마음의 동요가 표정이나 행동으로 나타난다.

예를 들어 '내 마음이 혹시 얼굴 표정으로 나타나지 않을까' 하는 불안한 마음에서 자기도 모르게 얼굴을 만지거나 시선을 딴 데로 돌린다. 또한 '사실을 말해서는 안 돼'라는 무의식중의 억압이 입 주위로 손을 가져가는 등의 다양한 행동으로 표출된다.

다음에 나열하는 '행동'은 사람이 거짓말을 할 때 나타나는 대표적인 행동이다.

❶ 얼굴을 돌리거나 고개를 숙인다   ❺ 뺨이나 이마를 만진다
❷ 턱을 만진다   ❻ 담배를 피운다
❸ 눈가나 입가를 손으로 만진다   ❼ 안경을 고쳐 쓴다
❹ 앞머리를 만진다   ❽ 코를 만진다

여기에 덧붙이자면 ❻담배를 피거나 ❼안경을 고쳐 쓰는 행위는 눈가나 입가를 노골적으로 만지기가 꺼림칙해서 그에 대한 대체품으로 담배나 안경을 이용한다고 볼 수 있다.

얼굴을 돌리면 오히려 의심받기 쉽다는 사실을 아는 사람은 가급적 얼굴에 손을 대지 않으려고 노력하지만 자기도 모르게 턱 근육이 죄어오거나 뺨이 오므라들거나 자주 눈을 깜빡거리게 되는 등, 그 스트레스가 얼굴에 나타난다.

심장이 제아무리 심하게 요동을 쳐도 그것을 표정이나 행동으로 표출시키지 않기 위해서는 숙련된 기술과 노력이 필요하다.

22

눈동자의 움직임으로
상대방의 거짓말을 탐지할 수 있다

거짓말을 알아채기 위한 체크 포인트는 얼굴 표정과 행동에 한
정되지 않는다.

암산을 하거나 무엇인가를 떠올릴 때, 혹은 한 가지 생각에 집중
할 때 안구는 어느 한 점을 응시한 채 움직이지 않는다. 한 연구에
따르면 사람은 생각하고 있는 내용에 따라 눈동자의 위치가 바뀔
뿐만 아니라 여기에는 일정한 패턴까지 있다고 한다. 여기서 말하

는 것은 어디까지나 오른손잡이에게 해당하는 예이므로 왼손잡이
에게는 다른 양상이 나타날 수 있음을 미리 말해둔다.

❶ 눈동자가 왼쪽 위를 향한다
◎◎◎ 과거의 영상을 떠올리고 있다

❷ 눈동자가 오른쪽 위를 향한다
◎◎◎ 지금까지 본 적이 없는 광경을 상상하고 있다

❸ 눈동자가 왼쪽 아래를 향한다
◎◎◎ 청각에 관련된 이미지(음악이나 목소리 등)를
떠올리고 있다

❹ 눈동자가 오른쪽 아래를 향한다
◎◎◎ 신체적인 이미지(육체적인 고통)를 떠올리고 있다

이 네 가지 패턴을 기억해두면 상대방이 지금 어떤 생각을 하는
지 어느 정도 감 잡을 수 있다.

예를 들어 어젯밤 늦게 귀가한 남편이나 애인에게 "어젯밤에 왜
그렇게 늦었어요?" 하고 묻는다고 가정해보자. 그럴 때 남편이나
애인의 눈동자가 오른쪽 위로 향하면서 "미안해. 회사 동료들이
늦게까지 한잔하자고 해서……"라고 대답했다고 치자. 만약 정말

로 어젯밤의 기억을 더듬고 있는 것이라면 눈동자는 왼쪽 위로 움직여야 한다. 그러나 눈동자가 오른쪽 위로 움직였다면 지금까지 본 적이 없는 광경을 상상하고 있는 것이므로 필시 거짓말을 하고 있는 것이 분명하다.

사람에 따라서는 이 네 가지 패턴에서 벗어나는 경우도 있으므로 심리 테스트를 한다고 하고는 다음의 네 가지 질문을 던져 미리 시험해보는 것도 좋다.

4가지 질문

❶ 그저께 점심에 무엇을 먹었는지 기억하고 있는가?

❷ 당신이 상상하는 천국은 어떤 곳인가?

❸ 어렸을 때 엄마가 어떤 노래를 자주 불러주었는가?

❹ 지금까지 살아오면서 가장 크게 다친 경험은?

말할 필요도 없이 이 네 가지 질문은 앞에서 말한 눈동자 패턴에 대응할 만한 질문이다. 이 질문으로 상대방 눈동자의 움직임을 미리 체크해두면 필요할 때 유용하게 활용할 수 있을 뿐 아니라 다른 사람에게 속아 넘어갈 위험도 줄일 수 있다.

23
같은 자세와 같은 표정은
마음이 통했다는 증거다

서로 대화에 몰두하고 있을 때나 편안하고 친밀한 분위기가 되었을 때는 일종의 동조 행동이 나타난다.

한쪽이 음료수를 마시려고 하면 다른 한쪽도 컵에 손을 뻗는다거나 한쪽이 다리 꼬는 방향을 바꾸면 다른 한쪽도 같은 행동을 한다거나 하는 것을 예로 들 수 있다.

이것을 심리학 용어로 '자세 반향' 또는 '동조 댄스'라고 한다.

이 동조 댄스는 의식적으로 이루어지는 것이 아니라 무의식중에 나타난다. 따라서 본인들은 서로 같은 동작이나 자세를 취한다는 사실을 눈치 채지 못한다.

만약 비즈니스 상담이나 프레젠테이션 도중에 고객이나 참가자가 당신과 같은 자세나 동작을 취한다면 당신이 의도하는 대로 분위기가 흘러가고 있다는 증거이다. 이럴 때는 찬스라고 생각하고 보다 공격적으로 분위기를 리드해나가면 원하는 결과를 얻을 수 있게 된다.

그와는 반대로, 시선을 딴 데 두거나 업무와 관계없이 수첩이나 메모장 등을 들척거린다면 당신의 이야기에 그다지 관심이 없다는 뜻이다. 또한 의자에서 일어나 고쳐 앉는다든가 무릎을 덮은 천을 만지작거리는 행동도 '빨리 이야기를 끝내고 싶다'는 사인이다. 이럴 때는 대화 방법을 바꾸든가 일단 휴식을 취해 분위기를 전환하는 센스가 필요하다. 어차피 그대로 진행해봤자 좋은 결과가 나올 리 없다.

분위기를 바꾼다는 말을 하니 이런 말을 들은 기억이 난다. 신제품 발표회나 컴페티션에서 라이벌 회사와 함께 프레젠테이션에 참가하게 되면 자기 회사가 발표할 때는 자리에 앉아서 경청하다가 라이벌 회사의 순서가 되면 화장실에 가는 등, 일부러 자리를 뜬다고 한다. 실제로 이야기 도중에 상대방이 화장실에 가거나 전화를 받기 위해 자리를 뜨면 분위기가 산만해져 이야기의 리듬이 깨져 집중이 되지 않는다. 비즈니스 세계에서 그 정도의 심리전은 비일 비재하겠지만 말이다.

24
상대방과 같은 동작과
표정을 취함으로써
'YES'를 유도한다

앞에서 동조 댄스는 무의식중에 이루어진다고 설명했는데, 한 차원 앞서 그것을 테크닉으로 이용하는 방법도 있다.

예를 들어 비즈니스 상담이나 교섭 중에 어떻게든 상대방으로부터 'YES'를 받아내고 싶을 때, 일부러 상대방의 자세나 동작을 흉내 내어보는 것이다.

그러면 상대방의 얼굴에 웃음이 번지면서 이야기가 무르익는다.

처음에 당신의 제안을 거절하려고 했던 상대방도 왠지 모르게 거절하기 힘든 분위기가 되어 '일단 한번 맡겨볼까?' 하는 마음이 든다. 그때부터는 당신의 요구에 응해줄 가능성이 높아진다. 만약 여기까지 왔다면 마무리가 중요하다.

그러나 이때 너무 노골적으로 당신의 의도를 드러내서는 안 된다는 점을 명심하자. 어디까지나 무의식중에 상대방의 마음을 움직여야 한다. 상대방이 '뭔가 수상한 의도가 있다'고 눈치 채면 모든 것이 수포로 돌아간다. '누굴 바보로 아나' 하는 불쾌한 마음이 들면서 완전히 역효과를 가져오기 때문이다. 동조 효과는 자연스럽게 상대방을 미소 짓게 하는 것이 포인트임을 명심하자.

정반대의 상황이라면, 다시 말해 당신에게서 'YES'를 받아내기 위해 필사적인 상대방에게서 도망치고 싶을 때는 'NO'를 의미하는 행동과 표정을 사용하면 된다.

예를 들면, 일상생활 중에서도 방문판매나 생활설계사들의 보험 권유 등을 잘 뿌리치지 못하는 사람이 있다. 이런 사람은 "생각 없는데요" 혹은 "그만 돌아가주세요"라는 말 한마디를 똑 부러지게 못 한다. 이런 성격의 소유자는 일단 '동조하지 않겠다'고 마음을 굳게 먹고 상대방이 설명할 때 눈을 맞추거나 고개를 끄덕거리는 행동을 하지 않는다. 그리고 일부러 딴 데를 보거나 딴 생각을 하는 듯한 멍한 표정을 짓는다. 그러다가 도중에 말이 잠깐 끊겼을 때 "죄송합니다. 지금 좀 바쁘거든요……" 하고 부드럽게 거절한다.

그런데도 끈질기게 상대방이 포기하지 않는다면 휴대전화를 이용하여 "아, 죄송해요. 전화가 왔네요" 하고 자리에서 일어난다. 그러고는 적당히 분위기를 봐서 "죄송해요, 갑자기 급한 일이 생겨서 먼저 실례할게요" 하고 그 자리를 피한다. 이것이 소심한 사람들의 'NO' 하는 방법이다.

25
상대방이 몸을 바싹 붙여온다면 당신에게 호감이 있다는 증거다

좋아하는 이성이 생기면 '저 사람도 나를 좋아하는지 아닌지 확인하고 싶은' 마음이 드는 것이 인지상정이다. 그러나 직접 물어보자니 쑥스러워 용기가 나지 않는다. 설상가상으로, 겨우 용기를 내어 마음먹고 물어보았는데 별 마음이 없다는 대답이 돌아온다면? 이것처럼 어색하고 낯 뜨거운 일이 또 있을까? 그렇다고 편지를 쓰자니 너무 구식인 것 같고 친구를 통해 물어보자니 사춘기 애들이나 하는 짓인 것 같아 한심한 생각이 든다.

이런 답답한 마음을 해소하기 위해서는 그 사람과 당신의 거리를 체크하여 상대방과의 친밀도를 확인해보는 방법이 필요하다.

사람은 누구나 '이 이상은 넘어오면 곤란하다'고 선을 그어놓는 퍼스널 스페이스(개인 공간)를 가지고 있다. 이것은 마음의 '경계 범위'와 같은 것이다. 대부분의 사람들은 좋아하는 사람이나 신뢰하는 사람이라면 아무리 가까이에 있어도 상관없지만, 생판 모르는 남이나 싫은 사람이 접근해오면 불쾌감이나 공포감을 느낀다.

만원버스나 전철에서 불쾌감을 느끼는 것은 친밀하지도 않은 타인들이 좁은 공간에서 밀고 당기면서 서로의 퍼스널 스페이스를 침범하기 때문이다.

다시 말해, 퍼스널 스페이스는 상대방에 대한 신뢰도의 깊이를 의미한다. 그렇기에 상대방이 자기에게 얼마나 가깝게 다가오는가를 보고 자신에 대한 호감도나 친밀도를 체크할 수 있다. 이것이 바로 친밀도를 측정하는 척도다.

먼저 상대방과의 거리와 친밀도의 관계를 살펴보자. 일반적으로 3.6미터에서 1.2미터까지의 사람과 사람 사이의 거리를 통상 '사회 거리'라고 한다. 만약 상대방이 1.2미터 이상 접근해오지 않는다면 업무적으로나 사적으로 대화를 나누고는 있지만 그것은 어디까지나 형식적이고 예의적인 교류에 지나지 않는다. 유감스럽지만 당신의 존재를 회사 동료나 누구누구의 친구 정도로밖에 인식하고 있지 않을 가능성이 높다.

다음으로 45센티미터에서 1.2미터 사이, 이른바 '개체 거리' 다. 이것은 친구 사이의 거리로, 여기까지 상대방이 다가왔다면 적어도 당신의 존재를 단순한 동료나 아는 사이를 넘어 친한 친구로 인식하고 있다는 증거다.

이 이상 가까이 다가온다면 연인이나 부부, 가족 사이의 거리인 '밀접 거리' 에 속한다. 이 거리까지 다가와 당신에게 말을 건다면 충분히 당신에게 호감을 가지고 있다고 판단해도 좋다.

26

남녀의 미팅 결과는
앉는 위치로 결정된다

퍼스널 스페이스에는 개인차 또는 남녀차가 있다는 사실을 명심하자. 이것은 실험을 통해서도 증명되었다.

의외로 여성들의 퍼스널 스페이스가 남성들에 비해 좁은 경향을 보인다. 여성들은 그다지 친밀하게 느끼지 않는 사람이 가까이 다가와도 남성들만큼 신경을 쓰지 않는다.

그러므로 마음에 둔 여성이 가까이에서 말을 걸어왔다고 해서

'나를 좋아하는 게 틀림없어. 아니면 이렇게 가까이 다가올 리 없어'라고 섣불리 판단해서 성급하게 행동해서는 안 된다. "미안해요. 당신을 좋은 친구로만 생각했지 연인으로는 생각해본 적이 없어요"라는 황당한 대답이 돌아올지도 모르니 조심해야 한다.

우선 미팅이나 회식 자리에서 상대방이 어디에 앉느냐를 보고 나에 대한 호감도를 체크하는 방법을 살펴보자. 테이블은 긴 자리에 양쪽으로 두 명씩, 양 끝에 한 명씩 앉는 6인용 직사각형 테이블로 상정하고, 당신은 긴 자리 쪽에 앉아 있다고 가정하자.

 당신과 대각선으로 정면에 앉는다

이 위치에서는 멤버 전원이 대화를 나눌 수는 있어도 둘이서 대화를 나누기란 불가능하다. 그 사람에게 당신은 아직까지 '멤버 중 한 사람'에 지나지 않는다.

 옆자리에 앉는다

신체 접촉이 가장 많은 이 자리는 다른 말로 표현하면 '연인 포지션'이다. 이 포지션에서는 다른 사람에게 방해받지 않으면서 사적인 대화를 나눌 수 있다. 참가자 중에서 당신에 대한 호감도가 가장 높다고 판단해도 좋다.

당신이 앉아 있는 자리의 모서리를 끼고 90도의 위치에 앉는다

서로 90도가 되는 이 자리는 둘이서 알콩달콩 무언가를 하기에 좋은 위치다. 시선을 마주치지 않고도 가까운 거리에서 대화가 가능하므로 편안한 분위기에서 사적인 대화를 나눌 수도 있다. 그 사람이 여기에 앉았다면 당신과 좀더 깊이 있는 대화를 나누고 싶어한다고 판단해도 좋다.

정면에 앉는다

비즈니스 상담이나 회의 포지션이다. 그 사람은 연애 감정보다 친구나 선후배로서 당신과 대화를 나누고 싶은지도 모른다.

27

상대의 왼쪽 얼굴에서
진심을 알아낼 수 있다

희로애락의 감정은 얼굴 표정에 잘 나타난다. 그러나 앞에서도 언급했듯이 표정은 언어 다음으로 사람을 속이기 쉬운 수단이다.

동물이나 물고기의 얼굴은 이게 그거고 그게 이거 같아서 구별하기가 쉽지 않다. 그러나 사람의 얼굴은 딱 한 번만 보아도 개체 식별이 가능하다. 그만큼 사람의 뇌가 뛰어나다는 말도 되겠지만, 한편으로는 무엇이든지 모양만 비슷하면 사람 얼굴로 보인다는 특징도 있다고 할 수 있다.

예를 들어 큰 원 안에 검은 점을 두 개 그려 넣고 그 밑에 U자형의 곡선을 그리면 누구나 아는 '스마일 마크'가 된다. 이렇게 단순한 도형도 웃는 사람의 얼굴로 보이는 것이다.

텔레비전에서 하는 납량특집 방송을 보면 바다 속에서 울고 있는 사람의 얼굴이라든가 화를 내고 있는 사람의 모습이 새겨진 바위가 찍힌 기이한 사진이 종종 소개된다. 사진의 위조 여부는 둘째 치고 그런 것까지 사람의 얼굴로 보일 만큼 인간의 뇌는 사람의 얼굴에 민감하게 반응하여 갖가지 표정을 만들어낸다.

그렇기 때문에 어깨를 들썩거리며 미간을 찌푸리면 화를 내고 있다거나, 입 주위가 살짝 올라가 있으면 웃고 있다 등등, 순간적인 느낌으로 사람을 단순하게 판단해버리기 쉽다. 역으로 생각하면, 고정관념이 강하게 작용하는 만큼 표정으로 사람을 속이는 일이 간단하다는 해석도 가능하다.

아이가 떼쓰며 우는 척하는 정도야 금방 알아차릴 수 있지만 포커페이스에 능한 사람의 표정을 분간하기란 여간 어려운 일이 아니다.

거울이나 사진을 자세히 들여다보면 알 수 있는데, 사람의 얼굴은 오른쪽 반구와 왼쪽 반구가 좌우대칭으로 완전히 일치하지 않는다. 양쪽 눈의 크기와 표정 등이 미묘하게 다르다. 연구 결과에 따르면, 인간의 감정은 얼굴의 왼쪽 부분에 더 확실히 드러난다고 한다.

얼굴 사진을 왼쪽과 오른쪽으로 나누어 그 끝을 거울에 대고 비추어 완전히 좌우대칭이 되게 합성해 보면, 왼쪽 얼굴로만 합성한 얼굴이 오른쪽 얼굴만 비춰 합성한 얼굴보다 감정을 훨씬 풍부하게 담고 있다는 사실을 알 수 있다.

그러므로 얼굴 표정만으로 판단이 어려울 때에는 상대방의 왼쪽 얼굴(마주 보면 오른쪽)을 주의 깊게 살펴보자. 또한 거짓 웃음인지 아닌지를 판단하기 위해서는 웃는 얼굴의 좌우 밸런스를 체크해보는 것이 좋다. 눈이나 입가의 움직임이 좌우대칭이면 자연스러운 웃음이고, 그렇지 않다면 거짓 웃음일 확률이 높다.

28

대화 중 손으로 턱을 괴는 행위는 '당신에게 의지하고 싶어요' 라는 메시지다

모모이 가오리 씨가 주연한 일본 영화 중에 〈더 이상 턱을 괴지 않아〉라는 영화가 있다. 젊은 여자 주인공이 두 명의 남자 주인공과의 사이에서 고민하고 갈등하는 스토리로, 제목에서도 알 수 있듯이 모모이 씨가 따분한 표정을 지으며 손으로 턱을 괴는 장면이 인상적인 영화다. 아마도 젊은 세대들에게는 낯선 영화일 것이다.

손으로 턱을 괴는 것은 보통 따분할 때 나오는 행동이다. 이것은 심리학적으로도 어느 정도 근거가 있다. 그러나 대화 중에 상대방 여성이 손으로 턱을 괴었다고 해서 '아, 나랑 있는 게 따분한가 보네…… 역시 날 싫어하는 거야' 하고 물러서는 것은 너무 성급한 판단이다.

다른 관점에서 보면, 턱을 괴는 행동은 걱정거리나 욕구불만이 있어 '누군가에게 의지하고 싶다' 혹은 '누가 곁에 있었으면' 라는 심리의 표출로도 해석되기 때문이다. 말하자면, 턱을 괴고 있는 손이 연인의 어깨 대용인 셈이다. 어쩌면 그 사람은 당신의 어깨에 기대고 싶어하는지도 모를 일이다. 그 사람은 당신의 따뜻하고 자상한 배려를 바라고 있는지도 모른다.

그렇다고는 해도 실제로 행동할 때는 신중을 기하자. 행동에 앞서 먼저 앞에서 살펴본 내용들을 떠올려보고 그 사람과의 거리나 포지션을 바꿔보면서 그 사람의 표정을 살핀 다음, 복합적으로 판단하여 그의 본심을 읽어내자.

아니면 동조 댄스의 심리 작전으로 당신도 그처럼 턱을 괴어 보는 것은 어떨까? 누가 알겠는가? 예기치 못한 결과가 당신을 기다리고 있을지.

CHAPTER 3

패션으로 그 사람의
성격을 알 수 있다

29

옷이나 소품은
자기의 본성을
숨기기 위한 도구다

옷이나 소품을 선택할 때 당신은 주로 무엇을 따지는가?

"컬러나 디자인이요."

"저에게 잘 어울리느냐 아니냐가 제일 중요하죠."

"유행을 많이 따지는 편이지요."

대부분의 사람들은 자기의 기호나 센스에 맞추어 옷이나 소품을 고른다고 생각한다. 그러나 반대로, 자기가 선택하는 것이 아니라 자기의 성격에 따라 옷이나 소품이 선택된다면?

'선택된다'는 말에 약간 거부감을 느낄지도 모르겠으나, 그만큼 옷이나 소품은 그 사람의 성격이나 본성을 잘 반영하는 도구다. 왜냐하면 옷은 자신을 치장하는 도구임과 동시에 자신의 몸(본성)을 감싸는 도구도 되기 때문이다. 즉, 보이고 싶지 않은 본성을 멋진 옷과 화장, 액세서리로 감춘 채 '남에게 보이고 싶은 이상적인 자기 모습'을 연출하는 것이다.

탤런트나 모델이 입은 옷을 보고 '나도 저런 옷을 입고 싶다'라는 바람도 '나도 저렇게 예뻐지고 싶다' 또는 '예쁘게 보이고 싶다'는 소망의 표출이다. 이렇게 말하면 "아니에요. 저는 저렇게까지 예뻐지겠다는 황당한 꿈은 꾸지도 않아요. 그냥 저런 옷이 입고 싶을 뿐이에요" 하고 반론하는 사람이 있을지도 모르겠다. 그러나 비슷한 디자인의 옷이 얼마든지 널려 있는데도 패션잡지나 드라마에서 탤런트들이 입었던 옷이 날개 돋친 듯 팔리는 현실을 어떻게 설명할까?

옛날에 자기가 입었던 옷을 보고 "어머머, 어쩜 이렇게 촌스러운 옷을 입었을까?" 하고 웃음이 나올 때가 있다. 그만큼 자기의 내면이 변했다는 증거다. 나이가 들수록 마음도 성장한다. 덕분에 옛날에는 멋있던 것이 이제는 촌스럽게 느껴지기도 하고 이제까지 느끼지 못했던 새로운 감각에 눈뜨게 되기도 한다.

패션이나 소품이 센스와 기호뿐 아니라 성격이나 콤플렉스까지도 반영한다는 사실을 염두에 두고 사람들의 패션을 눈여겨보면, 숨어 있던 사람들의 본성이 보이기 시작할 것이다.

30

패션이 화려한
사람일수록 내향적이다

알록달록한 원색의 옷이나 번쩍번쩍한 장식을 단 화려하기 짝이 없는 패션으로 온몸을 휘감은 사람을 보면 당신은 어떤 인상을 받는가?

'자기 과시욕이 강하고 눈에 띄기를 좋아하는 사람'

'적극적으로 행동하고 분위기를 잘 타는 성격'

'이성관계가 복잡하고 놀기를 좋아하는 사람'

등이 일반적으로 떠오르는 이미지가 아닐까? 보통 '옷이 화려한 사람은 성격도 화려하다'고 단정하기 쉽다.

그러나 앞 장에서도 말했던 것처럼 옷은 '남에게 보이고 싶은 자신의 모습'을 표출하는 도구기 때문에 오히려 자신의 본모습을 감추는 역할을 한다. 다시 말해, 화려한 옷을 좋아하는 사람은 '화려하고 적극적인 사람으로 보이고 싶은 사람'이기에 본래의 성격은 그와는 정반대로 소탈하고 낯가림이 심할 확률이 높다.

회사 임원이나 은행원 중에는 업무가 업무이니만큼 평소에는 단정한 양복 차림을 하지만, 그에 대한 반동으로 주말에는 화려한 캐주얼 복장을 즐기거나 개성 넘치는 패션을 선호하는 사람이 많다. 여기에는 '보통 때는 어쩔 수 없이 딱딱한 업무를 하지만, 나는 원래는 이렇게 개성 넘치는 사람'이라고 주장하고 싶은 심리가 숨어 있다.

실제로 옷이 바뀌면 마치 다른 사람이 된 것처럼 행동하는 경우도 종종 있다. 주변 사람들의 시선에 따라 성격이 180도 달라지는 것이다.

예를 들어, 평소에는 이성이 말을 걸어와도 우물쭈물 제대로 대답도 못 하던 내성적인 사람이 화려하고 개성 넘치는 패션으로 변신한 다음에는 이성에게도 적극적이 되는 식이다.

이것은 일종의 가면 효과로, 가면을 쓴 것만으로 '평소와는 다른 자신'을 느낀다. 그리고 그에 따라 행동도 바뀐다. 물론 자신의 내면 의식뿐만 아니라 '이 사람은 적극적이고 놀기도 잘 하겠지' 하는 주변 사람들의 평가도 영향을 미친다. 그렇기 때문에 사람들은 '남에게 보이고 싶은 이상적인 자신의 모습'을 패션으로 표출하고자 한다.

31
명품을 좋아하는 사람은
지위와 권위에 약하다

　머리끝에서 발끝까지 전부 샤넬로만 휘감은 이른바 '샤넬 마니아'가 있다. 샤넬에 대한 그녀들의 집착은 단순히 '좋아하는' 차원을 넘어서 마니아적인 강박관념마저 느껴질 정도다.

　보통 명품을 좋아하는 사람은 지위와 권위에 약한 경향이 있다고 해석된다. 이런 사람은 '창업 100년의 전통'이나 '전국 최고 실적' 등의 카피 문구에도 민감하여 그것만이 가치가 있다고 판단하기 쉽다.

 샤넬은 오트쿠튀르의 발상지인 프랑스에서도 유명한 초일류 브랜드다. 이런 샤넬에 집착하는 샤넬 마니아는 단순히 샤넬을 좋아하기보다 대개는 샤넬의 명성에 집착하는 권위주의적 성격이 강한 사람이다.

 그녀들은 '샤넬과 같은 초일류 브랜드를 입고 있으니 나도 그만큼 가치 있는 인간' 이라는 자신감과 확신에 차 있다. 그렇기에 같은 샤넬족에 대한 체크 또한 엄격하다. "뭐야, 저런 어린애한테 샤넬 가방이라니…… 너무 빠른 거 아니야?" 하면서 (자기 일은 덮어두고) 타인을 비판한다.

 그러나 '명품이라면 뭐든 좋아' 를 외치는 이른바 명품 따라하기족은 이들과는 성향이 약간 다르다. '일류' 혹은 '명품' 이라는 꼬리표에 붙은 지위와 권위에 약한 것은 별반 다르지 않지만, 같은 명품을 구입할 때도 이리저리 알아보고 조금이라도 싼 것을 산다. 그리고는 "이런 명품을 생각보다 싸게 손에 넣었지 뭐야" 하면서 만족해한다. 이런 사람은 볼썽사나울 정도로 자신감과 확신에 넘치지는 않는다. '이런 명품 하나쯤 가지고 있으면 폼 나잖아' 혹은 '어디 가서 창피당할 일은 없겠네' 하는 정도일 뿐이다.

 이런 성격의 소유자는 남성을 고를 때도 단순하다. 좋은 학교를 졸업했거나 유명한 회사에서 일한다고 하면 "우와, 대단한 엘리트 시네요" 하고 솔직하게 평가한다. 그러나 설령 그 사람과 잘 안 되어도 "역시, 나하고는 수준이 안 맞는 건가……" 하고 깨끗하게 단념한다.

　물론 샤넬 마니아와 같은 브랜드 숭배자는 남성의 지위가 자기에게 어울리지 않는다고 생각하면 조금의 빈틈도 보이지 않는 까다로운 성격의 소유자다.

32

유행에 민감한 사람은 '다른 사람과 같을 때' 안도감을 느낀다

지위나 권위에 끌린다는 것은 바꿔 말해, 스스로 참다운 가치를 판단하지 못한다는 뜻이다. 그렇기 때문에 이런 사람은 '세계에서 알아주는 브랜드니까 마음이 놓여' 또는 '유명한 누구누구가 애용하는 제품이니까 분명히 좋은 거겠지'라고 생각하며 브랜드의 지위와 명성으로 가치를 판단할 수밖에 없다.

이런 사람은 사람을 대할 때에도 마찬가지다. 처음 누군가를 만나면 어떤 사람인지 판단할 재료가 없기 때문에 그 사람의 명함이나 학력 등을 예의 주시한다.

"도쿄대 출신"이라는 말을 듣고 그 말에 혹해서 앞뒤 재지도 않고 "우와, 머리 하나는 좋겠는걸" 하고 단정한다. 그러나 몇 번 만나보니 그 사람이 머리는 좋을지 몰라도 말솜씨도 별로 없고 다른 사람을 배려할 줄도 모르는 성격임을 알게 되었다. 그러면 이번에는 다시 "도쿄대 출신이면 뭐 해. 깐깐하기가 장난이 아니야"라고 말하며 또 자기 멋대로 단정지어버린다.

무턱대고 유행을 좇는 사람 또한 스스로 가치 판단을 하지 못하는 것은 마찬가지다. 이런 사람은 지위나 명성, 권위가 아니라 '모두가 쓰니까' 혹은 '모두가 좋다고 하니까' 하는 집단성을 가치 판단의 기준으로 삼는다.

유행을 좇기에 급급한 사람은 다른 사람과 다르면 왠지 불안함을 느낀다. 주변 사람과 같아야만 안심이 된다. 이런 사람은 친구들과 밥을 먹으러 가거나 영화를 보러 갈 때도 '이걸 먹고 싶다' 거나 '이 영화를 보고 싶다'고 주장하기보다 그룹 전체의 분위기에 맞춘다. '눈에 띄고 싶은' 마음이 없는 것은 아니지만, 그것보다는 '튀는 스타일'을 의외로 꺼리는 타입이라고 할 수 있다.

33

헤어스타일이 자주 바뀌는 사람은 다른 사람들의 주목을 받고 싶어한다

철마다 유행을 좇는 데 급급하지는 않지만, 패션이나 헤어스타일이 자주 바뀌는 사람이 있다. 앞에서 말한 '남에게 보이고 싶은 자신의 모습을 패션으로 표현한다'는 관점에서 심리 분석을 해보면 '저 사람은 이런 사람'이라고 고정화된 이미지로 타인에게 비치는 것을 싫어하는 사람이다.

혹은 특이한 옷차림이나 헤어스타일을 보고 주변 사람들이 "우와! 멋있네. 또 이미지 변신한 거야?" 하면서 관심을 보이면 거기에서 희열을 느끼는 사람일 수도 있다. 이런 타입은 대개 다른 사람들의 주목을 끌고 싶어하는 성격의 소유자다.

다른 관점으로 보면, 남에게 보이고 싶은 자신의 모습이 그렇게 자주 변한다는 것은 그만큼 싫증을 잘 내는 성격이라는 해석도 가능하다. 처음에는 좋아서 시작했지만 시간이 지나 익숙해질수록 자기가 먼저 질리고 만다. 일이나 취미, 연애상대까지도 자주 바뀐다면 이런 성향이 강한 사람임에 틀림없다.

'여자는 실연을 당하면 머리카락을 자른다'는 말이 있다. 요즘에야 그런 여성들이 거의 없겠지만, 안 좋은 일이 있거나 일이 잘 풀리지 않을 때 옷이나 헤어스타일을 바꿔 기분 전환을 하고 싶은 마음이 들기도 한다.

새로운 패션과 헤어스타일로 기분 전환을 하고 싶은 마음은 충분히 이해가 가고도 남는다. 그러나 너무 자주 바꾸다 보면 기분 전환이 아니라 '이것도 저것도 마음에 들지 않아 시도 때도 없이 자기를 못살게 구는 신경질적인 사람'이 될 위험도 있으므로 어느 정도 자기 자신을 컨트롤하는 지혜가 필요하다.

이런 사람은 '어떤어떤 사람이 되고 싶다'는 확실한 목표와 꿈이 없어 아직도 그것을 모색하는 과정에 있는지도 모르겠다.

34

만화 캐릭터 흉내 내기를
좋아하는 사람은 어린아이처럼
단순한 면이 있다

얼마 전까지만 해도 '코스프레'는 우리에게 매우 낯선 용어였다. 그러나 최근 들어 만화 마니아들을 중심으로 코스프레가 크게 유행하면서 그 정체를 궁금해하는 사람들이 생겨나기 시작했다.

'코스프레'란 코스튬 플레이(costume play)의 줄임말로, 간호사나 스튜어디스 등의 제복 또는 컴퓨터 게임이나 만화 속 등장인물의 복장을 따라하면서 즐기는 취미를 말한다.

특별히 그런 '취미'를 갖고 있지 않은 사람이라도 누구나 '제복'하면 일반적으로 떠오르는 이미지가 있다. 예를 들어, 간호사복은 헌신적으로 다른 사람을 돌보아주는 백의의 천사, 스튜어디스는 큰 키에 세련되고 지적인 이미지를 연상시킨다.

물론 모든 간호사가 헌신적인 백의의 천사일 리 없고, 스튜어디스가 모두 세련되었다고 단정 지을 수는 없다.

그러나 그 제복을 입고 있는 사람에 대한 이미지 혹은 환상이 너무 강한 나머지 제복에 대한 이미지 또한 고정되어버렸다. 앞에서 '모든 간호사가 헌신적인 백의의 천사일 리 없다'고 말했으나, 제복이 가진 이미지가 그 제복을 입은 사람의 행동까지도 바꾸는 경우도 적지 않다.

1971년에 미국 스탠퍼드대학의 필립 짐바르도 교수의 주도하에 이루어진 심리 실험 결과가 이를 뒷받침한다. '스탠퍼드 감옥 실험'으로 잘 알려져 있는 이 실험은, 신문 광고를 통해 모집한 실험 대상자를 무작위로 감시관과 죄수로 나누어 역할을 분담시키고, 감시관 역을 맡은 사람에게는 교도관 복장을, 죄수 역을 맡은 사람에게는 죄수복을 입힌 후, 이들이 어떤 행동을 취하고 어떤 심리 변화를 일으키는지를 관찰한 것이다.

놀랍게도 실험이 시작되고 얼마 지나지 않아서부터 교도관 역을 맡은 사람은 거친 명령조로 죄수들을 함부로 대하고, 죄수 역을 맡은 사람들은 교도관의 비위를 거스르지 않기 위해 비굴한 태도를 취했다.

패스트푸드 체인점의 종업원들에게 매뉴얼대로 모두 똑같은 말투에 똑같은 접객 멘트를 사용하게 하는 것도 제복의 효과를 노린 것이다.

이런 관점에서 보면 코스프레를 즐기는 사람들은 그러한 제복의 이미지에 맞는 캐릭터에 완전히 몰두하는, 상상력이 풍부한 사람이라는 분석도 가능하다. 좋게 말하면 순수한 성격이고, 나쁘게 말하면 겉모습에 치중하는 단순한 어린아이 같은 성격이라는 해석도 가능하다.

내가 아는 어떤 사람은 긴 입원 치료를 마치고 퇴원한 뒤 담당 간호사를 식사에 초대했다고 한다. 거기서 처음으로 간호사복이 아닌 티셔츠와 청바지 차림을 한, 너무나 발랄한 그녀를 보고 상당히 쇼크를 받았다고 한다. 그러나 '헌신적으로 남을 돌보는' 이미지는 본인이 마음대로 상상해낸 것이다. 그 간호사를 탓할 문제는 아니다.

35

항상 양복에
넥타이를 매는 사람은
자부심이 강하다?

제복이 개인의 개성을 말살한다는 주장도 있다.

일본에 처음 와본 미국인이 교복 차림의 중학생들을 보고 놀라며 "일본에서는 저렇게 어린 아이들도 군대에 가나요?" 하고 묻더라는 말을 들은 적이 있다. 대부분의 미국 중고등학교는 교복을 입지 않으니, 단체로 제복을 입은 학생들을 보고 놀라는 것도 무리는 아니다.

군대라는 곳이 한 사람 한 사람의 개성을 발휘하기보다 일목요연하고 질서정연한 움직임이 요구되는 곳이니만큼, 전체를 획일화시키고 개성을 말살하는 제복이 군인들의 심리를 조종하는 면에서 효과를 발휘한다고 할 수 있다.

혹시 일본의 중학교나 고등학교는 학생들의 개성 따위는 무시하고 그저 교사가 지시하는 대로 착하게 말을 잘 듣도록 하기 위해서 교복을 입히는 것은 아닐까? 여기까지 생각이 미치자 갑자기 쓴웃음이 난다.

앞에서도 언급했지만, 제복은 입고 있는 본인에게도 그 제복이 부여하는 역할을 강하게 의식하게 만드는 효과가 있다. 이런 의미에서 일이 끝나고도 제복을 벗지 않는 사람은 자신의 일이나 역할에 강한 자부심이 있다. 게다가 제복에는 '나'라는 개체가 드러나지 않는 익명성이 있으므로 '나'를 의식하지 않아도 된다.

평상시에는 업무 때문에 어쩔 수 없이 단정한 양복 차림을 해야 하는 사람이 주말에는 화려하고 개성 넘치는 패션을 연출한다는 말을 기억하는가?

그러나 업무가 끝나고도 제복 입기를 좋아하는 사람은 이와는 정반대다. 이런 사람에게는 '가능한 한 눈에 띄고 싶지 않다'거나 '나를 드러내고 싶지 않다'는 심리가 작용한다고 볼 수 있다. 아니면 자신의 개성이 아니라 제복의 힘을 빌리고자 하는 권위주의적 성향이 강한 사람일 수도 있다.

양복에 넥타이는 샐러리맨의 제복과 같다. 같은 양복이지만 조금이라도 개성을 돋보이게 하기 위해 컬러나 디자인을 신중하게 고르는 사람이 있는가 하면 '다 똑같은 양복인데 뭐' 하면서 비슷비슷한 양복을 돌려가며 입는 사람도 있다. 이렇게 양복을 고르는 태도에서도 그 사람의 성격이 드러난다.

36
집에서 입는 옷차림에서
그 사람의 본성을 알 수 있다

집에서 쉬고 있을 때의 옷차림에서도 그 사람의 본성이 나타난다.

집은 불특정 다수의 사람들에게 노출될 염려가 없는 곳이니만큼 '남에게 보이고 싶은 자신의 모습'이 아니라 가장하지 않은 자신의 모습이 있는 그대로 드러난다.

밖에서는 항상 말쑥하고 깔끔한 차림이지만 집에서는 속옷만 입고 아무렇지도 않게 돌아다니는 사람이 있다. 이런 사람은 평소에

바깥에서 빈틈이 없는 만큼 그 반동이 작용한다고 볼 수 있다. 대개 성격적으로도 안과 밖을 확실히 구분하는 사람이다.

처음 만난 사람이나 회사 동료들에게도 친절해 남을 잘 배려하는 사람인 줄 알았는데 알고 보니 뻔뻔하고 입도 거칠더라는 말을 종종 듣는다거나, "처음 사귈 때는 얌전하고 귀여웠는데 지금은 언제 그랬냐는 듯 변했어……"라고 애인이나 남편에게 핀잔을 듣는다면 이런 타입일 가능성이 높으니 주의하기 바란다.

속옷 차림까지는 아니어도 집에서 반바지에 티셔츠처럼 간편한 차림을 즐기는 사람은 업무 시간에는 어쩔 수 없지만 집에서는 편안하고 활동하기 쉬운 복장을 선호하는 합리적인 타입이다. 이런 사람은 옷이나 가방 같은 것도 브랜드보다 기능이나 상품의 가격을 중시한다.

다소 차이는 있을지언정 거의 대부분의 사람들은 집 안과 밖에서 입는 옷이 다르다. 이는 마음속에서도 '안과 밖'을 구분하려는 심리에서 오는 것이므로, 이런 사람은 안에 있을 때보다 밖에 있을 때 더 야무지고 깔끔하다.

문제는 집에 돌아와서도 밖에서처럼 깔끔한 복장을 하고 있는 사람이다. 이런 사람은 대개 마음의 여유가 없다. 그만큼 성격 또한 빈틈없고 철저하다. 게다가 독자적인 미의식을 가지고 있는 경우가 많기 때문에 소지품을 정리할 때도 나름의 정리 방식이 있어, 다른 사람이 정리해준다고 해도 자기 방식대로 정리되지 않으면 흡족해하지 않는다. 술을 마셔도 취해서 헝클어지는 법이 없다. 물론 성격적으로도 나무랄 데는 없다. 그러나 만약 이런 사람이 당신의 상사라면? 당신은 숨 막혀 죽을지도 모른다.

37

기발한 패션을 즐기는 사람일수록
의외로 상식적이다?

외모만 보고 사람을 판단할 수 없다고 하지만 실제로는 상당히 많은 사람들이 외모를 보고 그 사람을 판단한다.

예를 들어, 전철에서 자리가 하나 비어 있다고 가정해보자. 만약 옆자리에 앉은 사람이 양복을 말끔하게 입은 회사원이라면 누구나 주저 없이 그 자리에 앉을 것이다. 그러나 만약 가죽 점퍼에 찢어진 청바지를 입은 약간 불량한 모습의 사람이 앉아 있다면? 아마

앉지 않고 그냥 서 있는 사람이 의외로 많을 것이다.

그렇다면 다른 사람들이 이상하게 쳐다볼 것을 알면서도 특이하고 기발한 패션을 즐기는 사람에게는 어떤 심리가 작용할까?

그런 사람은 '다른 사람이 뭐라 한들 상관없다'고 하는 강한 성격의 소유자임에 틀림없다. 그러나 그 저변 심리는 사람마다 약간씩 차이가 있다. 대개 '이런 스타일은 우리처럼 음악을 하는 사람이나 오토바이족만이 소화할 수 있는 패션이므로 다른 사람들이 어떻게 생각한들 상관없다'고 생각하는 동료의식이 강하고 배타적인 성격의 소유자에게서 이런 성격이 많이 보인다.

아니면 '다른 사람들과 같은 패션은 싫어. 나만의 개성을 표현하고 싶다'고 생각하는 개성이 뚜렷한 사람일 수도 있다. 물론 패션만이 개성을 연출하는 도구는 아니므로, 그런 사람들도 속으로는 '이것 말고는 나를 어필할 특별한 개성이 없어' 혹은 '이래 봤자 나도 실은 평범한 사람이구나' 하는 불안과 강박관념이 어느 정도 자리 잡고 있으리라고 분석된다.

개중에는 '다른 사람들이 깜짝 놀라는 모습이 재미있어서 일부러 특이한 옷을 입는' 사람도 있다. 이런 사람은 '스타일은 비상식적이지만 사고방식은 상식적인 사람'으로, 상식을 깨면서 즐거워하는 마음의 여유를 가진 사람이다.

38
스트레스를 받는 사람의 신발 굽은 빨리 닳는다

옷과 마찬가지로, 아니 그 이상으로 신발은 신고 있는 사람의 본성을 잘 드러낸다. 별로 눈에 띄지 않는 부분인 만큼 신발을 소중히 여기는 사람은 많지 않지만, 진짜 멋쟁이는 눈에 띄지 않는 곳까지 신경을 쓰는 법이다. 소홀히 다루어지는 만큼 신발을 보면 그 사람의 숨겨진 본성을 알 수 있다.

항상 반짝반짝 깨끗한 신발을 신고 있는 사람

항상 깨끗한 신발을 신고 있는 사람은 진정한 완벽주의자다. 이런 사람은 필시 머리끝에서 발끝까지 누가 보기에도 빈틈없는 단정한 모습을 하고 있을 것이다.

이런 사람은 결벽증에 가까우리만치 자기에게도 상대방에게도 엄격하기 때문에 대충대충 일을 하는 부하직원을 그냥 두고 보지 못한다. 반대로 이런 사람이 부하직원으로 있으면 "나는 자네의 상사야"라고 아무리 큰소리쳐봐야 '상사다운 모습'을 보여주기 전까지 존경받지 못할 것이 뻔하다.

완벽주의자는 상황이 제대로 돌아갈 때는 아무 문제없지만, 실수를 하거나 트러블이 생겼을 때 필요 이상으로 침울해하는 경향이 있으니 주의가 필요하다.

 굽이 닳고 더러운 구두를 신고 있는 사람

아마도 구두 닦을 짬도 없이 매일의 업무와 일상생활에 쫓기는 사람일 확률이 높다. 스스로는 자기를 대범한 사람이라고 생각할지 몰라도, 앞일을 미리 내다보고 계획하는 성격이 아니라 눈앞에 놓인 일을 해결하기에 급급한 성격이다. 닳아빠진 굽은 스트레스로 닳고 닳은 마음의 상징임을 명심하라.

견고하고 전체적으로 발을 감싸주는 신발을 좋아하는 사람

신발은 자기 발을 보호하는 역할도 한다. 견고하고 튼튼한 신발을 좋아하는 사람은 잠재의식 속에 마음의 상처를 받고 싶지 않다는 강박관념이 내재되어 있다. 이런 사람은 자기 보호 본능이 강한 사람이라고 할 수 있다.

끈으로 묶는 신발을 좋아하는 사람

신발을 끈으로 확실히 묶어두지 않으면 마음속 불안이 밖으로 표출되는 타입이다. 원래는 호탕하고 자기 주장도 강한 성격이지만, 업무적으로도 개인적으로도 세간의 평가에 집착하고 그것을 지나치게 의식하는 사람일 수도 있다.

샌들이나 슬리퍼처럼 간편한 신발을 선호하는 사람

샌들이나 슬리퍼처럼 신고 벗기 편한 신발을 좋아하는 사람은 다른 면에서도 융통성이 있는 사람이다. 이런 사람은 물건을 잃어버리거나 망가뜨려도 '이미 망가진 거, 뭐 어쩔 수 없지'라고 생각한다. 인간관계도 담백한 편이어서 상대방이 끈적끈적하게 굴거나 지나치게 집착하는 경향을 보이면 갑자기 냉정해지곤 한다.

39

극채색을 좋아하는 사람은
외향적으로 보이지만
콤플렉스에 시달리는 경우가 많다

좋아하는 색으로 성격을 알아보는 심리 테스트를 알고 있는가?

'이 색을 좋아하는 사람은 이런 성격이다'를 판단하기 전에 먼저 자기가 좋아하는 색깔을 떠올려보자. 우선 흰색, 빨간색, 파란색, 녹색, 검은색 중에서 하나를 골라보자.

색에는 그 색이 담고 있는 일반적인 이미지가 있다. 그러므로 당신이 고른 색은 당신이 무의식중에 남에게 어필하고 싶은 이미지와도 일치한다.

예를 들어, 빨간색을 골랐다면 빨간색에 담겨 있는 정열적이고 활동적이며 적극적인 이미지를 주변 사람들에게 어필하고 싶은 심리가 숨어 있다. 다시 말하면, 그런 부분이 자신에게는 부족하다고 느끼고 있는 것이다. 이런 식으로 다른 색깔들의 이미지를 살펴보자.

흰색 ◐◐◐ 청초, 순정, 순진무구
파란색 ◐◐◐ 지적, 냉정
녹색 ◐◐◐ 건강, 자연, 희망
검은색 ◐◐◐ 엄숙, 장엄

젊은 여성들은 핑크색의 옷이나 가방을 선호하는데, 이것도 '귀엽다' 거나 '여성스러운' 이미지를 연출하고 싶은 심리에서 기인한다.

이와 더불어 그날그날의 기분이나 상황에 따라 다른 컬러를 선택할 때도 있다. 왠지 기운이 없는 날에는 활동적인 이미지인 따뜻한 색 계열의 컬러를 선택하는가 하면 비즈니스 상담이 있을 때에는 차분한 느낌의 지적인 이미지인 모노톤을 선택한다.

또한 원색이 많이 들어간 극채색을 좋아하는가 아닌가를 보고,

그 사람의 현재 생활에 대한 불만이나 성격을 진단하기도 한다.

극채색을 좋아하는 사람 중에는 겉으로 보기에는 외향적으로 보이지만, 속으로는 현재 자신의 직장이나 경제력에 불만을 느끼는 사람이 많다. 또한 겉으로 보기에는 복종적이지만 때로는 공격적으로 변하기도 하고 자기 주관이 뚜렷한 성격의 소유자가 많다. 개중에는 성격이나 체격에 심한 열등감을 느끼고 있는 사람도 있다.

반대로 극채색을 싫어하는 사람은 성격이 온순하고 자기 주장도 그렇게 강하지 않으며, 지금의 생활에 어느 정도 만족하는 경향을 보인다. 데이터에 따르면, 이런 사람들은 성격이나 체격에 대한 열등감도 적다고 한다.

40
귀를 덮는 헤어스타일을
고수하는 사람은 고집불통이다

신체 부위 중에서 남에게 가장 잘 보이는 부분은 단연코 얼굴이
다. 그렇기 때문에 여성들은 매일 아침 외출 전에 정성스럽게 화장
을 하고 시간이 날 때마다 거울을 들여다본다.

얼굴이 자기를 어필하는 그림이라면 머리카락은 얼굴을 감싸주
는 액자라고 해도 과언이 아니다. 아무리 훌륭한 그림이라도 액자
가 형편없으면 그림도 형편없어 보인다. 반대로 멋진 액자에 걸린

그림은 그 액자의 멋이 더해져 훨씬 가치 있게 보인다.

보통 여성들의 긴 머리는 '여성스러움' 혹은 '정숙함', '얌전함' 또는 '지적'인 이미지를 연상시킨다. 반대로 짧은 머리는 '발랄함' 과 '싱그러움' 혹은 '생기발랄'하고 '귀여운' 이미지를 풍긴다.

남성들에게도 헤어스타일은 그 사람의 이미지와 직접적으로 관련되는 중요한 요소이므로 무시할 수 없다.

헤어스타일을 볼 때 특히 주목해야 할 포인트는 귀 부분이다. 귀를 가리는가 아닌가를 유심히 살펴보라. 귀는 외부로부터의 정보를 받아들이는 기관이므로 귀를 가리는 헤어스타일에서는 '다른 사람 말은 듣고 싶지 않아', '혼자 있게 놔둬'라는 심리를 읽을 수 있다.

1960년대에는 남성들 사이에서 머리를 귀밑까지 길게 기르는 장발이 유행했다. 그 시절에는 머리를 기르는 자체가 불량의 상징이었던 만큼, 귀를 다 덮을 정도로 머리를 기른 '히피족'은 '기성 세대의 설교 따위는 듣고 싶지 않다'를 외치는 젊음의 상징으로 통했다.

이처럼 옷도 헤어스타일도 시대에 따라 상징하는 이미지가 변하기 마련이므로, 그것을 흉내 내는 사람의 심리도 당연히 변한다는 사실을 염두에 두자.

41

대머리와 흰머리 대처법으로
젊음에 대한 미련도를 알 수 있다

헤어스타일에 대한 말이 나온 김에 머리가 벗겨진 사람들에 대해서도 살펴보자. 남성이라면 누구나 고민해봤을 법한 '대머리'에 관한 이야기다.

시기와 그 정도의 차이는 있을지언정 남성 호르몬 관계상, 나이를 먹을수록 흰머리가 생기고 머리카락이 빠지는 것은 피할 수 없는 숙명이다. 세월과 함께 줄어드는 머리카락은 그만큼 쇠퇴하는 젊음의 상징이기도 하다. 그렇기에 이 문제에 어떻게 대처하느냐를 보고 인생에 대한 순응의 정도를 알 수 있다.

 머리 숱이 빠진 부분을 어떻게든 눈에 띄지 않게 하기 위해 곱게 빗질하며 매만지는 사람

어차피 빠진 부분은 감춰지지 않는다. 그럴수록 오히려 우스꽝스러운 헤어스타일이 되고 마는데도 당사자는 너무나 진지하다. 벗겨진 부위를 어떻게든 감추기 위해 필사적인 사람은 늙어가는 자신을 인정하려고 하지 않는 '인생 미련형'이다. "난아직 팔팔하다고"를 외치면서 정색하지만 실은 누구보다도 늙어가는 것에 공포를 느끼는 사람이기도 하다.

 머리 숱이 빠진 부분을 자연스럽게 놔두는 사람

이런 사람은 머리 숱이 빠진 부분을 곱게 빗질하는 사람과 달리 '이만큼 나이를 먹었으니 머리카락이 빠져도 어쩔 수 없는일'이라 여기고 인생을 달관한 사람이다. 그러나 제대로 빗질도 하지 않아 보는 사람이 괴로울 정도라면 달관이 아니라 '어차피 대머리니까' 하는 '인생 포기형'에 가깝다.

백발인데도 염색도 하지 않고 자연스럽게 놔두는 사람 또한 냉

정하게 자신이 늙어가고 있다는 현실을 인식하고 그에 순응하겠다는 마음가짐을 가진 사람이다. 이런 사람은 젊은 세대들과도 가식 없이 사귈 줄 아는 사람이기에 그들에게도 인기가 높다.

 머리를 전부 밀어버리는 사람

어차피 빠지는 머리카락에 신경 쓰기도 귀찮아 깨끗하게 밀어버리는 사람은 인생을 직관하는 타입이다. 어영부영하는 것을 싫어하고 무슨 일이든 담백하게 처리하는 성격이다.

흰머리를 염색하는 사람 중에 '어차피 염색할 거라면' 백발을 감추기 위한 검은색보다는 여러 가지 색깔로 염색해서 멋을 부리는 사람 역시 '아버지는 말하셨지, 인생을 즐겨라' 타입이다.

 가발을 쓰는 사람

여기에는 두 가지 타입이 있다. 가발을 썼다는 사실을 감추는 사람과 "나 이거 가발이야" 하면서 공언하고 다니는 사람의 성격은 전혀 다르다.

가발을 썼다는 사실을 감추는 사람은 머리 숱이 빠진 부분을 곱게 빗질하는 사람과 마찬가지로 젊음에 대한 미련을 버리지 못하는 '인생 미련형'으로, 만약 젊음을 돈으로 살 수 있다면 사고 싶을 만큼 젊음에 연연한다.

반대로 가발을 썼다는 사실을 당당하게 공언하고 다니면서 때로 남을 웃기는 소재로까지 삼는 사람은 궁극적인 낙관주의자이다. 이런 '긍정적 체념형'은 회사에서나 어디서나 남에게 즐거움을 주므로 인기가 많을 것이다.

42

포켓이 많이 달린 가방을
사용하는 사람의 심리는?

어떤 가방을 선호하는지도 사람에 따라 다르다. 디자인을 중시

하는 사람, 기능성을 중시하는 사람 등, 모두 제각각이다. 가방은

지갑이나 서류같이 자신에게 중요한 것들을 넣고 매일매일 들고

다니는 물건인 만큼, 가방을 보면 그 사람의 취향

과 기호 또는 다른 사람들의 시선을 어떻게 받

아들이는지 등도 대강 파악할 수 있다.

큼직한 가방을 선호하는 사람

조그마한 가방에 비좁게 소지품을 넣기보다 여유롭게 큼지막한 가방에 넣겠다는 심리가 작용한다. 그만큼 다른 일에도 여유를 가지고 임하는 성격임을 알 수 있다. 일에 있어서도, 코앞에 일이 닥쳐서 허둥대는 것이 아니라 미리 계획을 짜 진행하는 스타일로, 이런 사람들은 대개 휴일에는 가능한 한 느긋하게 쉬고 싶어한다.

다른 관점에서 보면 '이 가방이 꽉 찰 때까지 이것도 저것도 갖고 싶다' 는 심리 분석도 가능한데, 이런 사람은 물질적 욕구가 다른 사람보다 강하다고 볼 수 있다.

 옛날부터 똑같은 가방을 애용하는 사람

보기에도 후줄근해서 주위 사람들이 "이런 지저분한 가방을 아직도 들고 다녀?" 하면서 아연실색해도 태연한 사람은 한 가지에 집착하는 성격이다. 물건에 대한 집착도 대단할 뿐 아니라 나름대로의 가치기준을 가지고 있기 때문에 새로운 물건이나 권위, 명성, 기능성 등에 현혹되지 않는다.

다만, 이런 사람 중에는 자기 뜻을 굽히지 않고 융통성이 없는 사람이 많다.

딱딱한 비즈니스 가방을 선호하는 사람

튼튼해서 안의 내용물이 손상되지 않는 비즈니스 가방을 선호하는 사람은 실용주의적이고 현실적인 성격의 소유자다.

그러나 기능성이 아니라 '이런 가방을 들고 다니면 엘리트 비즈니스맨처럼 보이기 때문에' 비즈니스 가방을 들고 다니는 사람은 자신의 능력을 과장해서 남에게 보이고 싶어하는 허세를 부리는 성격의 소유자일 수 있다.

남에게 보이기 위해 일부러 책상 위에 가방을 올려놓는 사람이라면 후자의 성격이 강하다.

 열쇠가 달린 가방을 좋아하는 사람

중요한 서류나 고액의 현금이 들어 있는 것도 아니면서 열쇠가 달린 가방을 들고 다니는 사람은 자신과 타인과의 경계선을 확실히 긋고 싶어한다. 이런 사람은 타인이 자신의 영역에 들어오는 것을 싫어하고 비즈니스처럼 선이 분명한 만남을 좋아한다.

이런 사람은 좀처럼 다른 사람을 신용하지 않기 때문에 자기 방어 의식이 높다.

포켓이 많이 달린 가방을 선호하는 사람

어렸을 때 엄마가 포켓이 많이 달린 바지나 점퍼를 사주시면 왠지 기뻤던 사람에게 포켓은 꿈의 상징이다. 이런 타입은 호기심이 왕성하고 모험심이 많은 성격이지만 한편으로는 꿈만을 좇는 비현실적인 사람이라고 해석할 수도 있다.

그러나 '포켓이 많이 달려 있으면 정리하기도 쉽고 속에서 내용물이 섞여 엉망이 되는 일도 없으니 깔끔해서 좋다' 는 기능적인 이유로 포켓이 많이 달린 가방을 선호는 사람은 지나치게 꼼꼼하고 신경질적인 성격일 확률이 높다.

CHAPTER 4

취미를 보면
그 사람의
본성을 알 수 있다

● ● **눈치코치** 심리학 ● ●

43
골프를 좋아하는 사람은 상승 지향 의식이 높다

신사의 스포츠라고 불리는 골프가 요즘에는 '신사의'라는 말이 무색할 정도로 '인맥 늘리기'나 '접대', '비즈니스' 등의 2차적인 목적으로 이용될 때가 많다.

골프를 순수한 스포츠로서 정말 좋아하는 사람은 연습장에도 열심히 다니고 해외에서 열리는 메이저 대회를 보기 위해 밤잠을 설치기도 한다.

그러나 2차적인 목적을 위해 골프를 하는 사람은 함께 라운딩하는 이들에게 폐가 되지 않을 정도만 연습하고, 프로 대회의 결과 같은 정보는 뉴스로만 확인한 뒤 화제로 삼는다. 이런 사람들은 골프 자체를 즐긴다기보다는 사람들과의 커뮤니케이션을 중시한다.

골프장에서 상사와 친분을 다지거나 접대하면서 비즈니스 범위를 넓혀가는 사람을 보면 지나치게 계산적이란 생각이 들 수도 있다. 그러나 비즈니스맨이라면 그 정도 계산은 필요한 법 아닌가? 오히려 현실적인 균형 감각이 다분하고, 상승 지향 의식이 출중하다고 높게 평가하고 싶을 때도 있다.

골프를 꾸준히 하는데도 타수가 좋아지지 않는 사람은 어떤 타입일까? 이들은 염불보다 잿밥에 관심이 있는 유형의 사람들이다. 즉, 골프 자체보다 사람들과의 커뮤니케이션을 더 중요하게 생각한다고 볼 수 있다.

이렇듯 골프장에서는 여러 유형의 사람을 볼 수 있다. 새 클럽을 샀다며 자랑스레 내보이는 사람은 자기 과시욕이 강하다. 명문 골프장에만 다니며 허세를 부리는 골퍼도 있고, 초보자에게 어드바이스를 즐겨 하는 참견쟁이 골퍼도 있다. 어디 그뿐인가. 자세는 될 대로 돼라 하고 공을 날리는 데만 급급한 '빨리빨리' 골퍼도 있다.

같은 골프애호가라 해도 이처럼 각각 다르게 그 성격과 심리가 드러난다. 그리고 보면 골프만큼 그 사람에 대해 잘 파악할 수 있는 스포츠도 없는 것 같다.

44

패키지 투어를
좋아하는 사람은
정신적으로 지쳐 있다

패키지 투어로 여행을 가는 것이 편하다는 사람은 솔직히 말해 자기 자신에 대한 신뢰가 없다. 그때그때 상황에 따라 적절한 선택을 할 자신도 없을뿐더러, 잘못된 선택으로 인한 실패를 무척 두려워하므로 누군가 '지팡이' 역할을 해주길 고대한다.

그러면서도 이런 사람들은 가이드에게 왈가왈부 요구하는 것이 많고 불만도 많다. '나는 엄연히 돈을 지불한 고객이다'라는 의식으로 목소리가 커지는 사람은 외부에서 받은 스트레스에 정신적으로 지친 상태일 수도 있다.

다른 사람과 똑같이 행동하면서 안도하고, 가이드와 함께 정해진 관광코스를 둘러보는 것이 좋은 사람은 '집단 속에서의 안정'을 추구한다. 이는 매우 일본적인 의식이라 할 수 있다.

한편 패키지 투어라고 해도 단시간에 여러 명소를 관광하는 일정이 빡빡한 스케줄을 선호하는 사람과 느긋한 스케줄을 선호하는 사람의 성격과 심리는 다르다.

전자는 성격이 급하고 욕심이 많다. 또한 '모처럼 여행하는데 빠짐없이 돌아봐야지. 안 그럼 손해야, 손해!' 라고 생각하며 자신의 욕구를 충족시키기 위해 가이드에게 의지할 터이므로, 의존심이 강하다고도 할 수 있다.

반대로 후자는 이동시간도 여행의 일부라 생각하며 느긋하게 즐기는, 상당히 여유로운 사람이다. 이런 사람은 누구에게도 의존하지 않고 스스로 자신의 욕구를 충족시킬 줄 안다.

45

혼자 여행하기를
좋아하는 사람은
가족에 대한 사랑이 깊다

가족을 놔두고 혼자 여행하기를 좋아하는 사람들이 있다. 이런 사람들을 흔히 '나홀로 여행족'이라고 한다. 이들은 가끔씩 일상에서 해방되어 재충전의 기회를 가진 후, 다시 일상으로 돌아와 그만큼 충실한 하루하루를 보내려는 사람으로, 결코 가족을 지겨워하거나 등한시해서 혼자 여행을 떠나는 것이 아니다.

회사에서는 상사에게 쪼이고 부하직원에게 치이고, 집에서는 모든 것이 자녀 위주라 가장으로서 설 자리가 없다. 늘 일상에 지쳐 있는 이런 사람은 의외로 여행을 가지 않는다. 아니, 여행 갈 엄두조차 내지 못한다. 그저 아무 생각 없이 하루하루를 보내는 것이 전부다. 스트레스가 어디서 어떻게 폭발할지 모를 일이다.

여행을 좋아하는 사람은 일이나 가정에서 스트레스가 쌓여도 그것에 끌려 다니지 않는다. 스스로 컨트롤하면서 다른 사람에게 자기의 스트레스를 발산시키거나 화풀이를 하지 않는다. 즉, 자기 마음을 다스릴 줄 안다. '기분 좋은 컨디션'을 유지하기 위해 노력하는, 긍정적이고 낙천적인 사람이라고 볼 수 있다.

혼자 여행을 하면 가족이나 회사에 불만이 있거나 무슨 괴로운 일이 있는 것으로 오해하기 쉽다. 그러나 지친 마음에 휴식을 주고 에너지를 충족하기 위해서 그 사람 나름대로 기분 전환을 하는 방법이라고 생각하고, 이를 긍정적으로 받아들이자. 즐거운 일이 기다리고 있어 마음이 부풀어 있으면 조금 괴로운 일이 있더라도 참고 견딜 수 있지 않은가?

이런 사람은 '부담이 많이 가는 가족여행보다는 혼자 여행을 다녀오는 것이 낫다'고 생각한다. 그것이 가족에게도 본인에게도 활력을 주는 방법이라고 생각하기 때문이다.

그럴 때 가족들이 옆에서 "또 혼자 여행가는 거예요? 당신한테는 가족들이 안중에도 없는 모양이네요" 하고 핀잔을 주면 괴롭기 짝이 없다. 그 때문에 여행을 포기할지도 모르겠지만 그 스트레스가 어디로 갈지 생각해보라. 조금은 그 마음을 헤아려주는 것이 좋지 않을까?

여행이란 다른 사람이 보면 자기 멋대로 노는 것처럼 보이지만, 여행을 하는 당사자에게는 무의식중에 정신과 마음을 가다듬는 소중한 계기가 될 수 있음을 명심하자.

46

조기축구에 열심인 사람은
어릴 때 못 이룬 꿈에 대한
보상심리가 강하다

주말은 말할 필요도 없거니와 평일에도 아침저녁을 불문하고 축구시합을 하거나, 또 무슨 모임은 그리 많은지 무슨 프로축구 지망생이라도 되는 것처럼 일 년 열두 달 가족 없이는 살아도 축구 없이는 못사는 '조기축구족'이 있다.

모르는 사람이 보면 '그렇게 좋아하면 왜 학교 다닐 때 안 했을까?'라는 의문이 들 정도다. 그러나 여기에는 나름대로 이유가 있

다. 이런 사람은 학교 다닐 때 축구를 안 한 것이 아니라 피치 못할 사정으로 마음껏 하지 못했을 확률이 높다. 그 때문에 마음에 응어리가 맺혀 지금 그렇게 몸과 마음을 다 바쳐 정열을 불사르고 있는 것이다.

어른이 되어서야 과자에 딸린 장난감이나 경품을 모으는 사람의 심리도 이와 비슷하다. '어릴 때 너무나 사고 싶었지만 사지 못한' 아쉬움이 아직도 마음속에 응어리져 있다.

어릴 적에 이루지 못한 꿈을 부모의 눈치를 보지 않아도 되는 나이가 되어서야, 혹은 경제적으로 거리낌 없이 실현할 수 있게 되어서야 비로소 그 소망을 실현시키고 있는 것이다.

이들의 행동을 억지로 막으면 정신적인 균형을 잃을 위험이 있다. 만약 당신의 남편이 조기축구에 빠져 있다면 축구에 대한 질투는 애당초 포기하는 게 마음 편하다. 차라리 어릴 적 못 이룬 꿈을 마음껏 펼치도록 넉넉한 마음으로 이해해주자.

47

프로야구 열성팬은
비즈니스에도 감각이 있다?

'야구는 농경민족의 스포츠이고 축구는 수렵민족의 스포츠다' 혹은 '축구는 젊은 세대들이 좋아하는 스포츠인 반면 야구는 기성세대의 스포츠다' 등등, 야구와 축구는 자주 비교된다.

과거 야구는 기성세대 오락의 중심이었다. 프로야구는 샐러리맨들의 유일한 삶의 활력소라고 해도 과언이 아니었을 정도다. 그렇기 때문에 기성세대들에게는 확실히 축구보다 야구가 친숙하게 다가온다. 반면 프로축구의 창설로 온 나라가 떠들썩했던 때에 사춘기를 보낸 세대나, 월드컵 개최로 세계가 들썩였을 때 축구팬이 된 청소년들은 다르다. 그들은 축구에 더욱 친근감을 느낀다.

확실히 오펜스와 디펜스가 확실히 나누어져 있는 야구는 농경적이다. 이에 반해 순간적으로 공격과 수비가 이루어지는 축구에서는 수렵적인 기질을 강하게 느낄 수 있다.

또한 야구는 배트라는 무기를 사용하고 투수와 타자의 일대일 대결이라는 점에서 무술과도 통한다. 물론 타이밍과 히팅 간격을 생각하면서 볼을 배트로 치는 단순한 원리지만, 힘 못지않게 정신적인 기 싸움도 중요시하기 때문에 무예와도 통한다는 말이다. 이런 관점에서 야구를 좋아하는 사람에게 순수한 일본적인 사상을 가진 사람이라는 평가도 내릴 수 있다. 이런 사람은 '언제 어떤 선수를 내보낼까' 또는 '투수가 첫 구로 어떤 볼을 던질까' 등등, 자신이 감독이 된 기분으로 시합을 분석하면서 보는 것을 좋아한다.

미국의 메이저리그는 빠른 볼과 강한 히팅이 포인트다. 말하자면 힘 대 힘의 승부다. 그러나 우리의 프로야구는 작전 대 작전인 두뇌 싸움이다. 찬스를 엿보고 상대방의 심리를 탐색하면서 펼치는 게임에는 시종일관 긴박감이 넘친다. 야구를 좋아하는 사람은 이런 긴박감을 즐기는 것이라고 볼 수 있다.

이것은 실생활이나 비즈니스에서도 마찬가지다. '어떻게 타자에게서 병살타를 유도할까' 라고 고민하는 것처럼 '어떤 말로 상대방을 납득시켜 내 쪽으로 유리하게 이끌까' 를 궁리한다. 또한 어떻게 해야 할지 감이 안 잡히거나 상대방이 예상외로 강적일 때에는 일단 아웃코스에서 낮게 공격해보고, 상대방이 어떻게 나오는지를 보고 난 뒤 다음 행동을 결정한다.

이렇게 설명하다 보니 '야구를 좋아하는 사람은 비즈니스에서도 강자' 라는 논리가 성립하지만, 아무리 노력해도 자기 컨트롤이 잘 되지 않는 사람도 있으므로 모두가 강자가 된다는 논리는 어불성설이다.

48
카드놀이를 좋아하는 사람은 '수다'를 즐긴다

'도박'이라는 단어에서 우리는 흔히 '일확천금을 노리고 가정도 돌보지 않는 사람'을 연상한다. 경마나 파친코(일본에서 파친코는 어디에서나 즐길 수 있는 공영도박이다)처럼 여성들도 즐기는 도박에 대해서는 비교적 대중의 이해 수준도 높아졌지만 공영도박이 없는 지역에서는 아직도 "누구누구네 아들이 경마에 빠져 산대" 등의 안 좋은 소문이 금방 퍼지는 모양이다.

있는 돈을 몽땅 도박에 탕진하거나 일이나 가정생활에까지 안 좋은 영향을 미치면 문제가 되겠지만, 자기가 쓰는 용돈 안에서 마권을 사거나 휴일에 심심풀이로 파친코에 가는 것까지 흠을 잡아 비난할 수는 없다. 내 눈에는 오히려 그렇게 비난하는 사람이 융통성 없는 깐깐한 사람처럼 보인다.

심리학적으로 보면, 파친코처럼 혼자 즐기는 오락을 좋아하는 사람은 본질적으로 내성적이다. 구속받지 않고 혼자 시간을 보내고 싶은 마음에서 발걸음이 파친코로 향한다.

이와는 달리 카드놀이를 좋아하는 사람은 외향적이다. 돈이 오가는 사이에 인간관계마저 금이 가는 경우도 종종 있지만 이런 사람들은 잃거나 따는 행위 자체를 즐기고 있다고 볼 수 있다. 누구네 집 아무개가 어떻다더라 하면서 모인 사람들과 세상 돌아가는 이야기를 나누는 것도 즐거움 중에 하나이기 때문에, 카드놀이를 좋아하는 사람은 승부사 혹은 도박꾼이라기보다 수다쟁이에 가깝다.

한편, 카드놀이를 하는 사람 중에는 멤버에게 무언가를 부탁하거나 정보 수집이 목적인 사람도 있다. 이런 사람은 카드놀이를 즐긴다기보다 이용한다고 표현하는 편이 옳다. 카드놀이든 파친코든 오락으로서 단순히 즐기는 수준이라면 인생에도 긍정적인 효과를 발휘하지만 지나치면 독이 된다는 사실을 명심하자.

49

사진 찍기를 좋아하는 사람은 '자신이 본 것'을 자랑하려는 심리가 강하다

　인터넷의 개인 홈페이지가 많아지고 자신의 블로그까지 간단히 만들 수 있는 시대가 되면서 텔레비전 등 기존의 미디어를 위협하는 매체로까지 발전한 블로그가 등장했다.

　이런 개인 블로그에는 디지털 카메라로 찍은 사진이 많이 게시된다. 카메라폰의 폭발적인 보급이 원인이겠지만, 그보다는 사진이 개인적으로 즐기는 차원을 넘어서 '남에게 보이는 것'으로 바

꿔었다는 데 가장 큰 원인이 있다.

　원래 사진 찍기를 좋아하는 사람은 예술성을 추구하기보다는 자신이 본 것을 남기고 싶어하는 사람이다. 이런 사람은 자신의 가치관을 담아 찍은 사진을 보존하고 그것을 다시 감상하고자 하는 욕구가 강하다. 자신의 흔적을 남기고 싶을 정도로 자기 자신을 좋아하는 사람이라는 해석도 가능하다.

　그러나 최근 폭발적으로 증가하는 블로그를 보면, 자기의 흔적을 남긴다기보다 "내가 본 거 멋있지?" 혹은 "내 얘기 좀 들어볼래?" 하고 다른 사람들에게 자신이 본 것을 보여주고 말하고 싶어하는 사람이 늘었다는 생각이 든다.

　찍는 사람과 찍히는 사람만이 존재하던 세계에서 찍은 것을 불특정 다수에게 보여주는 세계로 카메라의 활동 범위가 넓어졌다. 그만큼 찍는 사람의 심리도 변했다고 할 수 있다.

50

책을 좋아하는 타입은
사람을 좋아한다

이력서의 취미란에 '독서'라고 당당하게 쓴 것을 보고, "좋아하는 작가는 누구인가요?" 하고 물으면 십중팔구 나쓰메 소세키(夏目漱石)나 아쿠타가와 류노스케(芥川龍之介)라는 대답이 돌아온다(나쓰메 소세키와 아쿠타가와 류노스케는 일본 근대문학의 선두자다). 거론하는 작품도 대개가 교과서에 실린 작품이나 여름방학 숙제로 읽은 작품이다. 이처럼 '독서'가 취미라고 쓰는 사람 중에 얼굴이 두

꺼운 사람이 의외로 많다.

책을 읽지 않는 사람 중에는 독서애호가를 '공부벌레' 또는 '음울한 사람'으로 생각하는 사람이 있는데, 실제로는 전혀 다르다.

독서를 좋아하는 사람일수록 사람을 좋아한다. 다른 사람의 마음이나 가치관을 이해하고자 하는 마음이 있어야만 진정한 '독서가'가 될 수 있다.

소설을 읽는 작업은 자신이 이야기에 등장하는 주인공이 되어서 앞으로 이야기가 어떻게 전개될까를 추리하고 생각하는 일이다. 단순히 눈으로만 읽는 작업이 아니라, 권선징악의 잣대만 가지고는 판단할 수 없는 내용 전개나 역경 속에서 갈등하는 주인공에 자신을 오버랩시키면서 진지하게 이야기 속으로 빠져드는 작업이다.

이런 일은 '사람을 싫어하는' 사람에게는 불가능하다. 책을 읽는 즐거움을 아는 사람은 타인의 일을 자기 일처럼 느낄 수 있다. 겉으로 보기에는 내성적이고 사교성도 없어 보이지만 그 속에는 휴머니즘이 있다.

소설과 달리 논픽션이나 르포는 긴박감과 현실감을 느끼게 해준다. 독서를 즐기는 사람은 이를 통해 깊이 있는 정보를 획득할 수 있다.

사람을 싫어하기 때문에 책을 읽는다거나 책으로 도피하는 일이란 결코 있을 수 없다. 만약 책을 많이 읽는 사람이 편협하고 비뚤어진 사람처럼 보인다면, 그것은 근본적으로 현상에 대한 분노를 통제하지 못해 자기 자신에게 화가 나 있는 상태가 아닐까?

책을 좋아하는 사람 중에도 행동으로 표출하는 사람과 그렇지 못한 사람이 있다.

51

앤티크 수집이 취미인 사람은
애정에 굶주려 있다

최신형 벽걸이 텔레비전이나 최첨단 휴대전화 등, 신제품이 나오면 재빨리 그것을 손에 넣어야 직성이 풀리는 사람이 있다. 그런 사람은 '다른 사람보다 한 발 앞서 최첨단 제품을 손에 넣고 자랑하고 싶은 마음'과 '최첨단 제품을 모르면 시대에 뒤떨어질 것만 같은 불안한 마음'이 혼재되어 있다. 어느 쪽 욕구가 강한지는 자랑하는지 안 하는지의 여부로 판단이 가능하다.

이와는 정반대로 골동품이나 앤티크에 가치를 두는 사람도 있다. 이들의 심리는 무엇일까? 앤티크는 보기에 따라 어딘가 고루해 보이고 실용적이지도 못하다. 어찌 보면 잡동사니처럼 보이는 이런 물건들을 수집하고, 한술 더 떠 열을 올려 자랑하는 사람을 보면 도무지 이해가 가지 않는다고 머리를 좌우로 흔드는 사람도 있다.

유서 깊은 물건이나 훌륭한 작품으로 평가받는 물건을 자기 옆에 놔두고 싶은 심리는, 그런 물건처럼 자신도 평가받고 싶다는 소망의 표출이다.

이런 사람은 '나는 세상에 몇 안 되는 이런 가치 있는 물건을 가지고 있는 사람이다'라면서 자기 자신을 대견해한다. 여기에는 또한 이것을 남에게 자랑하고 싶은 자기 과시욕이 숨어 있다.

앤티크를 수집하는 사람은 비단 물건뿐 아니라 다른 것들에 대해서도 고집스러운 면이 있다. 따라서 자기 과시욕이나 명성에 집착한다는 표현보다 애정에 굶주려 있다는 표현이 적합할 것이다.

52
취미가 자주 바뀌는 사람은
마음을 추스르는 것도 빠르다

J리그가 출범할 당시엔 열렬한 축구팬, 〈겨울연가〉가 히트 친 이후에는 이웃집 드나들듯이 한국을 드나들더니 지금은 라이브 개그에 빠져 사는 사람……. 이처럼 취미와 취향이 일 년 단위로 변하고 그만큼 관심과 행동도 변화무쌍한 사람이 혹시 당신 주변에 있는가?

이런 사람은 '싫증을 잘 내는 사람' 또는 '변덕쟁이'로 치부되는 경우가 많으나, 오히려 스스로 즐기는 방법을 아는 사람이라고 보는 쪽이 적당하다.

또한 이런 사람은 호기심이 왕성하고 재빨리 행동으로 옮기는 추진력도 있으며, 취미를 바꿔가면서 그 속에서 즐거움을 찾아내는 능력 또한 탁월하다. 가끔 우울해하다가도 금방 언제 그랬냐는 듯이 기분 전환을 한다. 어떤 상황에서도 나름의 즐거움을 찾아내며 금방 마음을 추스르는 성격으로, "나는 프로야구 팬이니까 축구는 안 봐" 하는 사람에게는 없는 유연성과 융통성을 가지고 있다고도 볼 수 있다. 이처럼 '싫증을 잘 내는 변덕쟁이'가 오히려 인생을 즐기는 방법을 잘 알고 있는 것은 아닐까?

53
단체경기를 좋아하는 사람은 돈독한 인간관계를 추구한다

야구나 축구는 단체경기지만 테니스나 탁구 등은 기본적으로 개인경기다. 물론 복식경기가 있기는 하지만 단체경기라고 볼 수는 없다. 육상이나 수영 또한 팀을 이루어 릴레이를 할 때도 있지만 개인경기로 분류된다.

단체경기는 연대감이 중요하다. 자기 컨디션이 안 좋아도 팀의 호흡이 잘 맞으면 운 좋게 이길 때도 있다. 그러나 개인경기에서 이기느냐 지느냐는 온전히 자기 자신에게 달려 있고, 승자와 패자로 그 갈림길이 확실히 나뉜다.

경기 도중에 서로 힘을 북돋아주는 단체경기와 홀로 고독하게 싸워야 하는 개인경기 중에 어떤 것을 좋아하느냐를 보면 그 사람의 성격이 분명하게 나타난다.

단체경기를 좋아하는 사람은 팀 내에서 서로 협력하고 또 그 안에서 분발하기를 좋아하는 사람이다. 이런 사람은 자신의 존재를 팀 메이트로 인정받는 데서 만족감을 얻는다.

이에 반해 개인경기를 좋아하는 사람은 서로 책임 문제를 왈가왈부하기보다 다른 사람의 도움을 받지 않고 혼자 노력하기를 좋아하는 사람이다. 이런 사람은 스스로 계단을 하나씩 하나씩 밟고 올라가는 데서 기쁨을 얻는다.

심리학에서는 전자를 '외발적 동기', 후자를 '내발적 동기'라고 한다. 외발적 동기란 '칭찬'이나 '꾸중'처럼 외부의 자극이 원인이 되어 행동하는 것을 말한다. 예를 들어, "좋았어, 열심히 해보자. 너라면 할 수 있어!"라는 말에 "그래, 맞아. 지금까지 잘 해왔잖아. 더 열심히 하는 거야!"라고 마음을 다잡거나, "이번에 이기면 보너스가 기다리고 있어"라는 말에 자극을 받는 타입이다.

한편, 내발적 동기는 자기 내면에서 행동의 동기를 발견해 스스로 행동하는 것을 말한다. "여기서 이기면 세계대회도 나갈 수 있어"라든가 "이런 대회에 참가하게 된 것만으로도 충분하잖아. 마음을 편하게 먹자" 등, 스스로를 격려하면서 자신의 능력을 향상시켜가는 타입이다.

취미로 스포츠를 즐기는 사람은 내발적 동기가 큰 작용을 한다. 그중에서도 단체경기를 즐기는 사람은 이외에도 다른 사람과 더불어 무엇인가를 한다는 데서 오는 즐거움도 함께 추구한다. 특히 샐러리맨은 단체경기를 통해 회사에서는 맛보기 힘든 돈독한 유대관계에서 오는 행복을 만끽할 수 있다.

54

마라톤을 하는 사람은
노력의 결과를 아는 사람이다

개인경기 중에서도 육상이나 수영과 같이 시간을 다투는 스포츠는 다른 경기와는 조금 다르다.

'상대가 강하다' 또는 '다른 사람에게 이긴다' 등을 논하기 이전에 먼저 시간과의 싸움이라는 사실을 인식하고, 기본적으로 누구에게 이기기 위해서가 아니라 자신의 기록 단축을 위해 연습하고 훈련해야 한다. 시합에서 라이벌이 넘어지는 행운으로 이기거나 한순간의 실수로 모든 것이 물거품이 되어버릴 수도 있지만 그런 상황을 염두에 두고 연습하는 사람은 없다.

자신의 기록 향상과 실력 향상 그리고 끊임없는 연습과 훈련으로 자신의 실력을 키워야만 승리라는 열매를 맛볼 수 있다. 이것은 곧 실적으로 연결된다.

노력하면 그에 대한 보상을 받지만 노력하지 않으면 아무것도 얻을 수 없다. 자기는 최선을 다했지만 팀 전체의 실력이 모자라 패배를 당하거나 반대로 자기의 컨디션이 좀 안 좋아도 다른 선수가 열심히 뛰어주어 운 좋게 승리할 때도 있는 단체경기와 근본적으로 그 성질이 다르다. 결과는 모두 자기 하기 나름이다. 이것이 개인경기의 매력이다.

100미터 달리기에서 1초를 단축하기란 그리 만만한 일이 아니다. 그러나 마라톤은 하면 할수록 놀랄 정도로 기록이 단축된다. 마라톤을 하는 사람은 노력하면 할수록 그만큼 결과가 나온다는 쾌감을 아는 사람일지도 모른다.

55
취미를 자랑하는 사람은
자기 과시욕이 강하다

나이가 지긋한 어르신들 중에는 "어이, 여기 와서 이것 좀 봐. 멋있지?" 하고 자기가 키운 분재나 화초 또는 직접 만든 도자기 등을 보여주지 못해 안달인 분들이 있다. 혼자서 취미로 정원 가꾸기를 하다가 급기야는 가족 전체를 끌어들이는 아버지도 있다.

이런 사람은 외로움을 달래기 위해 무언가를 시작하고 거기에 빠져 만족감을 얻는다. 그러나 그런 만족감은 일시적인 감정에 지나지 않으므로 금방 다시 외로움이 찾아온다. 그럴 때 나를 알아주는 다른 누군가와 함께 무엇인가를 하고 싶은 욕망이 생긴다. 그렇지만 이런 식으로 주변 사람들을 끌어들일수록 소외감과 고독감은 커지기 마련이다.

또한 자기의 취미를 자랑하는 사람도 있다. 월척을 낚았을 때의 사진을 액자에 끼워 책상 위에 떡 올려놓거나 현관 입구에 골프시합에서 받은 트로피를 '보란 듯이' 장식해둔다. 이런 사람은 자기 과시욕이 강한 사람임에 틀림없다. 그래도 이 정도는 그냥 애교로 가볍게 보아 넘길 수도 있다.

정말로 볼썽사나운 사람은 자기의 모든 것을 '보여주고, 들려주고, 칭찬받고 싶어하는' 삼박자를 고루 갖춘 사람이다. 이런 사람은 일에서든 취미생활에서든, 받은 상이나 트로피에 대해 추켜세워주지 않으면 금방 안색이 변한다. 분위기상 조금 칭찬해주면 다른 사람이 지겨워하든 말든 이야기를 멈출 줄 모른다.

업무관계나 친척 중에 이런 사람들이 있다면 적당히 추켜세워주면서 분위기를 맞추면 된다.

"이것만은 다른 사람에게 절대 지지 않아"라고 말하는, 취미가 곧 인생인 사람을 만나게 되면 '그렇구나. 이 사람의 활력의 원천은 바로 이것이구나' 하고 생각하고 넓은 마음으로 이해해주자.

56

산책을 즐기는 사람은
자기 컨트롤에 능하다

산책의 종류는 다양하다. 만보계 차고 걷기, 지도 보고 걷기, 골목길 걷기, 집단 걷기 등등.

그러나 만보계를 차고 걷는 산책은 산책이면서 산책이 아니다. 말하자면 워킹이다. 건강에 적신호가 와서 체지방을 줄이기 위해 또는 혈압을 낮추기 위해 걷는 것까지 산책이라고 하기에는 왠지 거리감이 느껴진다.

새벽이나 저녁노을이 질 무렵, 기분 전환을 위해 집에서 조금 멀리 떨어진 공원까지 걸어본다. 때로는 일부러 먼 길을 돌아가보기도 하고 골목 구석구석을 걷기도 한다. 매일 지나는 길이지만 여유롭게 걸으면서 길가 화단에 핀 꽃들을 감상하기도 한다. 이것이 산책이다. 건강을 위해서가 아니라 상쾌한 공기를 마시면서 기분 전환을 하는 것이 진정한 의미의 산책인 것이다.

산책을 하는 동안 책상 앞에서는 떠오르지 않던 아이디어가 떠오르기도 하고 마음의 정리가 될 때도 있다. 지금껏 아무 생각 없이 스쳐 지나쳐온 사물을 새롭게 재발견하는 계기가 되기도 하고 지친 심신에 활력을 부여하는 시간이 되기도 한다.

집 안에서는 느끼지 못하는 푸른 하늘의 청정한 기운이나 바람의 향기, 인간의 온기 등등을 산책을 통해서 느낄 수 있다. 산책을 좋아하는 사람은 이런 신선함을 갈망하는 사람이다. 이런 사람은 자신의 마음을 컨트롤하기 위해 무의식중에 노력하는 사람이라고 볼 수 있다.

57

혼자서 술을 마시는 사람은
외로움을 잘 탄다

딱히 이거다 할 만한 취미 없이 지내는 사람이 있다. 굳이 꼽으라면 술 마시는 정도가 취미라고 할까? 일주일에 반은 역 근처 선술집에서 마시고, 집으로 바로 간 날은 야구중계를 안주 삼아 맥주를 마신다. 휴일에는 하루 종일 뒹굴거리면서 채널을 이리저리 돌려가며 스포츠중계를 섭렵하고, 저녁이 되면 또 술을 홀짝거린다.

이런 사람들은 왜 술을 마실까? 그들은 진정 술 자체를 즐기는 것일까?

물론 개중에는 그런 사람도 있겠지만 대부분의 사람들은 취하기 위해 술을 마신다. 무의식중에 알코올의 힘을 빌려 정신적인 속박에서 벗어나고 싶어하는 것이다.

포장마차에서 혼자 술을 마시는 사람이 있다. 그들은 집에 돌아가기 전에 한숨 돌리면서 일에서 받은 스트레스를 집으로 가져가지 않으려고 술로 자기를 달래고 있는 중이다.

약간 취기가 오르면 머릿속을 떠나지 않는 복잡한 일을 잊어버리기도 하고 때로는 다른 차원에서 생각할 수 있는 마음의 여유가 생기기도 한다. 이런 의미에서는 술을 자기 컨트롤의 도구로 삼는다는 해석도 가능하다.

한편, 항상 누군가를 불러내서 술을 먹는 사람이 있다. 이런 타입은 외로움을 많이 탄다기보다 사람을 좋아한다. 술이 들어가면 아무래도 분위기가 쉽게 무르익어 서로를 더욱 깊이 알고 공감하기가 쉬워진다. 오히려 혼자 술을 먹는 사람이 외로움을 더 많이 타는 사람이 아닐까?

58
맛있는 것을 찾아다니는 사람은 '최고'가 되고 싶은 욕망이 강하다

자기가 좋아하는 음식을 찾아 전국을 돌아다니는 사람이 있다.

이런 사람을 보면 '정말로 맛있는 것을 좋아하는구나' 하고 감탄사가 절로 나오기도 하지만 무슨 수를 써서라도 가서 먹어보지 않으면 성이 차지 않는 것 같은 그런 집착을 보면 때로는 이해가 가지 않을 때도 있다.

후쿠시마에 가서 기타가타 라면을, 시코쿠에 가서 사누키 우동

을 먹는 정도라면 수긍이 가지만 그것을 먹기 위해서 후쿠시마에 또는 시코쿠에 일부러 간다면? 열성팬이라고 이름 붙일 만하다.

그러나 다른 관점에서 보면 그들은 라면이든 우동이든 한 가지만을 고집하는 완고한 성격이라는 해석도 가능하다. 그런 사람 중에는 '이것만은 누구에게도 지지 않는다'는 데서 뿌듯함을 느끼는 사람도 있다. 이런 사람은 유명한 맛집의 구조나 메뉴, 맛의 특징이나 가게의 역사까지 훤히 꿰뚫지 않고서는 성이 풀리지 않는다.

이렇게까지 발전하는 사람은 자기 과시욕이 상당히 강하기 때문에 '자기가 가진 정보가 최고'라고 생각한다. "그 집은 아직 안 가봤는데"라고 말하는 것은 자존심이 허락하지 않는다.

취미가 취미인 만큼 이런 사람은 '먹보'라고 짐작하기 쉬우나 대개 식사량은 보통 수준이다. '먹보'라면 맛있는 것을 찾아다닐 뿐만 아니라 너무 많이 먹는 탓에 건강에 적신호가 켜지겠지만, 자기가 집착하는 음식만을 찾아다니는 이런 부류의 사람은 '자기가 최고'라는 신념이 강한 것뿐이다.

CHAPTER 5

말 한마디로
그 사람의 수준을
알 수 있다

59

"나는 할 말을 제대로
못 하는 성격이야"

– 다른 사람을 방패로 자기를 지키고자 하는 사람

마음에 담아두고도 할 말을 제대로 하지 못하는 사람의 입장에서 보면 다른 사람 앞에서 당당하게 자신의 의견을 말하는 이는 선망과 질투의 대상이다.

그러나 자신의 의견을 말한다고는 해도 모두가 자신의 본심을 말하고 있다고는 단정하기 힘들다. 오히려 자신의 의지를 억제하고 모두가 납득하고 타협할 만한 제안을 하고 있는 경우도 많다.

한편, 모두의 앞에서는 머뭇머뭇 좀처럼 발언을 하지 못하면서 만만해 보이는 사람을 발견하면 "나는 말이야, 할 말을 제대로 못하는 성격이야"라면서 "그러니까 나 대신 이렇게 말을 좀 해줘" 하고 재촉하는 사람이 있다.

이런 타입은 여성에게 많다. 한마디로 말해 자신을 약자의 입장에 놓고 누군가에게 자신의 말을 대신 하게 하여 자기를 지키려는 야비한 사람이다. 마음이 약해서 할 말을 하지 못하는 사람이 아니라 다른 사람을 이용하는 뻔뻔한 사람이지만, 본인은 전혀 자각하지 못한다.

그렇지만 이런 타입의 여성에게 남성은 약해지기 쉬운 법인데, 그런 여성에게 호의적으로 대하는 남성들을 보면 다른 여성들은 짜증이 나기 마련이다.

남성들이여, 이런 타입의 여성에게 호의적으로 대해준다 한들 돌아오는 건 주변 사람들의 핀잔뿐이라는 사실을 기억하라!

60

"나, 이래 뵈도 꽤 섬세한 사람이야"

- 자기를 배려해주기를 바라는 사람

자기가 섬세한 사람이라고 강하게 주장하는 사람을 자주 본다.

"나는 순진해서 조그만 일에도 상처를 받아"라고 눈을 칩뜨고 말하는 사람이 섬세할 리 없다. 그런 척하는 모습이 '뻔뻔한 사람'이라는 증거다. 이런 사람은 남에게 주목받고 싶고, 남이 배려해주기를 바라는 어리광쟁이에 지나지 않는다.

이 말은 용도에 따라 매우 편리하게 변신한다. 끊임없이 '나는 순진하다'고 공언하고 다니면 주변 사람들도 조심스럽게 대해주는 등, '특별대우'를 받는 경우가 현실적으로 있으니 말이다. 그러나 이런 사람은 언젠가는 주변 사람들에게 냉대를 받게 된다. '저 사람에게 뭐 하나 부탁하려면 말이야, 이것저것 신경 써야 하고, 영 귀찮아'라고 생각해버리기 때문이다.

정말로 섬세한 사람은 그 말을 상대방이 어떻게 받아들일까를 먼저 생각하기 때문에 그렇게 뻔뻔한 말은 절대로 입에 담지 않는다. 자기가 얼마나 순수하고 상처받기 쉬운 사람인지 당당하게 말하고 다니는 사람의 마음속에는 상대방이 어떻게 생각하든 말든 나한테만 잘해주면 그만이라는 생각이 깔려 있다.

한편, 원래는 그렇지 않은 사람이지만 몸 상태가 안 좋거나 억지로 이끌려서 본의 아니게 하고 싶지 않은 일을 해야 할 때, "제가 좀 예민한 편이라서 이건 못 하겠네요" 하고 말할 때가 있다. 이런 경우는 거절할 구실로 삼기 위한 방편으로 삼은 것인데, 이 정도도 눈치 채지 못하는 사람 또한 섬세함과는 거리가 멀다.

61

"저 사람 때문에 일이 잘못됐어"

– 자기 자신을 지나치게 소중히 여기는 사람

항상 논리적인 어조로 신사적으로 행동하던 사람이 어느 날 갑자기 양의 탈을 벗고 늑대로 돌변할 때가 있다. 심할 때는 실망을 넘어서 환멸감이 들기까지 한다.

예를 들어, "실수는 누구나 할 수 있어. 실수하지 않도록 노력하는 게 중요한 거야"라며 무슨 도덕책에나 나올 법한 말을 늘 강조하던 상사가, 부하직원의 사소한 실수를 참지 못하고 "이게 뭐야!

이런 간단한 일까지 실수를 하다니! 자네 정신이 있나! 없나!" 하고 얼굴을 붉으락푸르락하면서 화를 냈다고 가정해보자. 이런 모순된 행동을 보면, 주변 사람들은 '사람 다시 봤다'고 혀를 내두를 게 뻔하다. 결과는 최악이다.

마찬가지로 자신의 책임을 다른 사람 탓으로 돌리는 사람도 평판이 좋을 리 없다.

예를 들어, 일을 하다가 약간 석연치 않은 부분이 있어 선배에게 의논했더니 "이 일은 좀더 두고 보는 게 좋지 않을까?"라는 어드바이스를 듣고 잠시 보류해두었다. 그런데 알고 보니 실은 급하게 처리했어야 할 일이었다고 가정해보자.

선배의 예상이 빗나간 것은 사실이다. 그러나 그 일은 어디까지나 자신의 일이며, 의논하러 간 사람도, 선배의 의견을 받아들인 사람 또한 자기 자신이다. 그런데도 "그 선배 때문에 일이 이렇게 됐어"라고 다른 사람들에게 하소연하는 사람이 있다. 듣는 사람들은 "그래, 맞아. 자네 책임이 아니야"라고 맞장구를 쳐줄지 모르겠지만 동시에 '이 인간한테 어드바이스했다가는 괜히 나도 원망을 듣겠는걸. 아예 모르는 척해야지' 하고 생각할 게 뻔하다.

그리고 '도와줄 마음에 괜한 어드바이스를 했네' 하고 미안함을 느끼고 있던 선배도 뒤에서 이러쿵저러쿵 소리가 들리면 미안한 마음은 싹 사라지고 괘씸한 마음이 들기 마련이다.

　자신의 책임을 다른 사람에게 전가시키고 그 사람의 험담을 하는 사람은 자신을 지키기에만 급급한 나머지 소중한 동료들을 잃는다는 사실을 명심하자.

62

"운이 좋아서 좋겠다"

– 무의식중에 피해의식을 느끼는 사람

운이 좋아 길거리에서 캐스팅되거나 첫 출연작에서 신인상을 수
상하는 탤런트도 있다. 대대로 유명한 학자 집안에서 태어난 사람
도 있다. 호소카와 모리히로(細川護熙 : 79대 일본 내각총리대신 역
임)처럼 선조 때부터 유명한 정치가 집안의 자손도 있다.

위를 올려다보면 끝이 없다. 그렇지만 보통 사람들은 '아, 부럽
다'고 생각하다가도 '이렇게 태어난 것도 내 복이지 뭐. 여기서 최

선을 다하는 수밖에' 하고 금방 마음을 추스르고 자신의 행복을 위해 노력한다.

그러나 언제까지고 '좋겠다. 정말 좋겠어' 하면서 남의 복을 부러워만 하는 사람도 있다. 그렇게 없이 사는 것도 아니면서 무턱대고 남이 가진 것을 부러워한다. 이런 사람의 마음을 분석해보자.

"와, 가방 멋있다. 샤넬이잖아. 좋겠다. 남편이 엘리트라 돈 잘 벌어서."

"도쿄에서 단독주택에 살다니 남부러울 게 없겠다. 고생 안 하고 그 큰 집을 사다니, 부모님이 돈이 많아서 정말 좋겠다."

이처럼 다른 사람을 칭찬하는 말 속에 다분히 질투가 섞여 있다. 특히, 상대의 노력이 아니라 '운이 좋아서(그렇게 타고나서)' 좋겠다는 부분을 강조할 때는 '자기도 노력하지 않고 무엇인가를 얻고 싶다' 는 속내가 숨겨져 있다.

다시 말하면, 이런 사람은 노력하지 않고 돈과 명예를 얻고 싶은 사람이다. 그렇다고 해서 전혀 노력을 하지 않는 사람은 아니지만 자신은 그런 운을 타고나지 못했다는 피해의식에 젖어 있는, 약간 피곤한 성격의 소유자이기도 하다.

63

"세상이 그렇게 만만한 게 아니야"

– 자신의 인생을 후회하고 있는 사람

　누군가를 지도하는 입장에 있는 사람은 크게 세 종류로 나눌 수 있다. 친절하게 하나하나 가르치는 사람, 엄하게 꾸짖으면서 가르치는 사람, 그리고 자유분방하게 가르치는 사람.

　이것을 좀더 세분화해보자. 자유분방하게 가르치는 지도자에는 다시 두 종류가 있는데, 그냥 놔둬도 알아들을 사람은 알아들으니까 자유롭게 놔두자는 지도자와 스스로 깨달을 때까지 기다려보자는, 보다 원숙한 뜻을 품고 있는 지도자가 있다.

지도를 받는 사람 중에는 친절히 가르쳐주기를 바라는 사람도 있을 터이고 어느 정도 자유로운 분위기에서 배우고 싶은 사람도 있을 터이므로 얼마나 서로의 '궁합'이 잘 맞느냐가 관건이다. 부모나 상사의 지도 방식이 자기에게 맞는 사람은 다행이지만, 그렇지 않은 사람은 나름대로의 고충이 따를 것이다. '엄하게 꾸짖으면서 가르치는' 부모나 상사를 만나는 일은 누구에게나 불행이다.

"세상은 그렇게 만만한 게 아니야!"를 끊임없이 반복하는 지도자는 스스로 억울한 경험을 많이 했다고 고백하는 꼴이다. 즉, 준비와 노력이 부족해서, 혹은 그때그때 상황판단을 제대로 하지 못해 후회를 거듭해온 사람임에 틀림없다.

성공한 사람은 '자유롭게 놔둬도 배울 건 배운다'고 생각하고, 고생 끝에 성공을 거둔 사람은 될 수 있는 한 친절하고 자상하게 가르치려고 한다. 그러나 성공하지 못하고 고생만 해온 사람은 구체적인 지도 방법 없이 정신론만을 강조한다. 어떨 때는 자신에 대한 분노를 다른 사람에게 분출시켜 한을 풀려는 것처럼 보이기까지 한다.

물론 "세상은 만만한 게 아니야!"라고 외치고 싶을 만큼 철없는 젊은이들도 있지만 그런 말로는 소용 없음을 기억하길 바란다.

64

"다른 사람 입장에서 생각해봐"
- 자기를 유리한 입장에 놓고 싶은 사람

부모나 교사는 "다른 사람 입장에 서서 생각해봐"라는 말을 자주 한다.

자기만을 생각하지 말고 다른 사람의 입장이 되어 생각해보는 일은 인간다운 인간이 되기 위한 절대조건이다. 그렇기에 교육적 견지에서 '다른 사람 입장에 서서 생각해보라'는 가르침은 매우 중요한 교훈이다.

그러나 절대적으로 옳다고 여겨지는 이 명제를 자기의 욕구를 채우기 위해 함부로 사용하는 사람이 있다. 바로 '내 입장에 서서 생각해봐' 라는 말을 '다른 사람 입장에 서서 생각해봐' 라고 교묘하게 돌려 말하는 사람이다.

예를 들어, "자네 말이야. 자료를 이 따위로 만들면 어떻게 해! 부장님 입장에서 한번 생각해보라고!"라고 말하는 과장은 '부장님의 입장' 이라고 말하면서 실은 자기 입장을 따지는 사람이다. 이런 화법은 왠지 계산적이고 교활하게 느껴진다.

누군가를 내세워 자신에게 유리한 상황을 만들려는 자기만을 생각하는 사람은 결국 주변 사람들을 잃게 된다는 사실을 명심하자.

65

"누구나 그럴 때가 있잖아"

– 자신을 정당화시키고 싶은 사람

'게으름 피우고 싶다'거나 '편해지고 싶다'는 마음처럼 사람에게는 안락함에 대한 다양한 욕구가 있다.

'노력은 적게, 성과는 크게.' 누구나 이런 희망을 품고 있지만 사람에게는 이성이라는 것이 있기 때문에 자신의 욕구를 억제하고 사명감이나 애정, 도덕심을 발휘하여 하기 싫은 일을 할 때도 있다.

그러나 자신의 약점이나 인내력의 한계는 인정하지 않고 무엇이든 '인간의 본성'에 빗대어 자신을 정당화하는 사람이 있다.

그런 사람들은 바람을 피우면서도 "바람이라니 무슨 소리야! 이 건 종족 보존을 위한 남자의 본능이라고. 본능이 강한 남자일수록 유전자를 남기려는 욕망이 강한 법이거든. 신이 부여하신 본능을 가지고 인간이 왈가왈부할 수 있는 일이 아니라니까" 등의 궤변을 늘어놓는다.

또는 한 회사에 자리 잡지 못하고 이 회사 저 회사를 전전하면서 도 "누구에게나 말이지, 자기에게 맞는 회사가 있는 거야. 인생도 마찬가지야. 자기에게 맞지 않는 회사를 다니는 것만큼 불행한 일 도 없어"라고 변명한다.

이렇게까지 자기 정당화에 익숙한 사람은 그다지 많지 않겠지만 "20분 늦은 걸 가지고 화까지 낼 필요는 없잖아. 누구에게나 피치 못할 사정이 생긴다고" 하는 사람은 우리 주변에 얼마든지 있지 않을까?

자기가 늦은 건 생각 안 하고 누구나 그럴 수 있는 일이라며 이 해 못 한다며 오히려 상대방을 나무란다. 상황을 무마시키고 자신 을 정당화시키고 싶은 마음은 알겠으나, 그 사람의 수준은 가히 짐 작이 가고도 남는다. 하나를 보면 열을 안다고 이런 사람과의 교제 는 아무 짝에도 쓸모가 없다.

66

"그런 건 상식 아니야?"

– 자신의 의견을 관철시키고 싶은 사람

학교나 병원에서는 서로를 '선생'이라고 부르는데, 이런 식의 호칭에도 위화감을 느끼지 않는 나라는 세계에서 우리나라를 제외하고는 한두 나라나 있을까 말까 싶다.

이렇게 서로 '선생'이라고 부르는 것은 우리나라에서는 '상식'처럼 통한다. 선생이라고 불러주지 않으면 왠지 얕보이는 느낌이 들어 마음이 편치 않다는 사람까지 있을 정도다.

일반기업 중에는 '과장', '부장'이라는 직함으로 부르는 회사도 있고 '□□ 씨'라고 이름을 부르는 회사도 있다. 어떻게 부를지는 각자 회사의 암묵적인 룰에 따른다. 또한 부하직원을 '□□ 씨'라고 부르는 회사가 있는 반면 '□□'하고 이름만 부르는 회사도 있다. 여직원에게는 '미스□'하고 부르는 회사도 있다. 이렇듯 회사마다 나름의 법칙이 있는 듯하다.

그렇다면 이런 호칭의 상식이란 무엇일까?

자기가 속한 조직이나 사회에서는 상식으로 통하는 일이 다른 곳에서는 비상식이라고 해도 '그래도 상식은 상식'이라고 고집해야 할까?

대답은 'NO'다. 상식이란 누가 생각해도 어느 정도는 일관성을 가지고 공감할 수 있는 것이어야 한다. 자기가 속한 조직의 내부 룰이 상식이라고 다른 사람에게 강요하는 사람은 우물 안 개구리로밖에 보이지 않는다.

우리 주변에는 "그런 건 상식 아니야?"를 자주 외치는 사람이 많다. 물론 이런 사람들을 모두 우물 안 개구리라고 단정할 수는 없다.

왜냐하면 '세상 물정을 모르거나', '설명하기가 귀찮아서' 혹은 '실은 자기도 그 일에 대해 잘 몰라서' 상식 운운하는 사람이 의외로 많기 때문이다. 이유야 어쨌든 간에 '상식'이라는 말을 남용하는 사람은 그 화제를 방패 삼아 자신의 주장을 피력할 속셈임에는 틀림없다.

67

"나는 머리가 좋으니까"

– 다른 사람에게 칭찬받고 싶은 사람

칭찬받았을 때 어떤 태도를 취하느냐를 보면 그 사람의 본성을 알 수 있다.

"정말 대단한데, 그렇게 어려운 걸 알고 있다니. 언제 그렇게 공부한 거야?"라는 칭찬을 듣는다면 당신은 어떻게 대응하겠는가?

"우연히 아는 얘기가 나왔을 뿐이야"라고 겸손하게 대응할 것인가? 아니면 "지성인이라면 이 정도는 알고 있어야 하는 거 아니야? 아니, 아니, 농담이고, 우연히 아는 얘기가 나왔을 뿐이야"라고 재치 있게 대응할 것인가?

둘 다 무난한 대답이지만, 전자보다는 후자 쪽이 친근함이 느껴지는 센스 있는 대답이 아닐까.

그런데 세상에는 자랑스러운 듯 "내가 머리가 좋거든" 혹은 "내 입으로 말하긴 좀 뭐 하지만 내가 좀 박학다식하거든"라는 말을 하는 사람도 있다. 이런 말을 듣는 쪽은 '머리가 좋은 건 그렇다 치고 인간성은 좀 의심스럽군' 하는 마음이 들고 만다.

그들은 왜 스스로 '머리가 좋다' 따위의 말을 해서 다른 사람의 반감을 살까? 자기가 생각하는 만큼 좋은 평가를 받지 못하는 것이 항상 불만으로 마음속 깊이 자리 잡고 있기 때문이다. 그렇기에 이런 칭찬을 들으면 자기도 모르게 이런 말이 입에서 나오고 만다.

물론 이런 사람들은 대개 일반적인 수준 이상의 지식을 가지고 있다. 그리고 그것을 주변 사람들에게 인정받고 싶어하는 심리가 작용한다. 그러나 자기 입으로 자기가 '머리가 좋다'고 말하면서 주변 사람들이 어떻게 생각할지까지는 계산하지 못한다면……? 결국 그 정도 머리밖에는 안 되는 것이다. 두말할 필요 없이 주변 사람들의 칭찬도 딱 거기까지다.

68

"그게 뭘 의미하는지 제대로 알기나 해?"

– 언제나 자기가 옳다고 생각하는 사람

내가 아는 사람 중에 자연보호운동단체 사람들과 교류하는 사람이 있다. 그런데 그 사람들 중에 아무리 해도 정이 가지 않는 사람들이 있다고 한다. 하는 말마다 옳은 말만 하는 사람들인데도 인간적으로는 정이 안 간단다.

예를 들면 다음과 같은 어투에서 느끼는 위화감과 불쾌감이 그 원인이다.

"그게 무엇을 의미하는지 제대로 알고 있나요?"

"그렇군요. 그 정도의 인식이란 말이군요."

이런 말투를 들으면 왜 불쾌해지는가? 그것은 다름 아닌 이 말 속에는 '우리들은 항상 진지하게 생각하고 실천하고 있어요. 그러니까 항상 옳은 판단을 하지요. 아무 생각도 없이 살아온 당신들 같은 사람은 얌전히 우리가 하는 대로 따라오면 돼요' 하는 방만함이 담겨 있기 때문이다.

자기들만이 옳다는 생각에 상대방을 낮게 평가하는 비뚤어진 우월감. 이런 비뚤어진 우월감이 다른 사람에게 상처를 주고 반감을 불러일으킨다.

이런 사람 중에 한술 더 떠 능숙하게 다른 사람을 조정하는 사람은 "그렇게 하면 안 돼요"에서 그치지 않고 "함께 생각해보지 않겠어요?", "좀 도와주셔야 해요" 하면서 알게 모르게 상대방을 자신의 영역에 끌어들인다.

가벼운 대화에서 공감이 이루어지면 진지한 이야기도 받아들이기 쉬워진다. 심리학에서 말하는 '도어 인 더 페이스(door in the face : 처음에 가벼운 것을 받아들이면 점점 큰 것도 받아들이게 되는 현상)' 심리 효과를 의식하지 않고 실천하는 것이다.

여기서 말하는 정의감이란 그 사람들의 방만함 위에서 성립되었다고 해도 과언이 아니다. 자신은 '올바른 일을 하고 있다'는 생각이 강하면 강할수록 다른 사람의 의견을 무시하게 되고, 결국에는 인간성마저 의심받는 사태를 초래하기도 한다.

69

"이번에는 진짜야"

– 다음번에도 도움이 되지 않는 사람

골프를 막 배우기 시작한 사람은 자주 헛스윙을 하곤 한다. 그럴 때 옆에 있던 사람들이 "또 헛스윙인가?" 하고 놀리면 자기도 모르게 "아니야, 지금은 연습해본 거야" 하고 얼버무리기 일쑤다. 창 피하기도 하고 조금이라도 스코어를 올려보겠다는 절실한 마음에 서 그렇게 말해버리는데, 이 정도는 애교로 봐 넘길 수 있다.

그러나 모두가 진지하게 임하는 시합에서라면 상황은 달라진다.

이런 상황에서는 "연습해본 거야"라는 말이 통할 리 없다. 아무도 본 사람이 없다 하더라도 있는 그대로 스코어를 쓰는 것이 룰이다. 본인은 농담 삼아 한 말일지 몰라도 주변 사람들은 경멸에 찬 눈으로 그를 쏘아볼 게 뻔하다.

"이번에는 진짜 제대로 할게!"라고 말하는 사람도 마찬가지다. "제가 이런 일에는 선수니까 맡겨만 주세요" 등의 말로 다른 사람의 일을 가로채서는 아니나 다를까 실패하고 만다. "정말로 제대로 해주셔야 해요" 하고 거듭 부탁을 하고 다시 일을 맡기는 사람에게 "알았어요. 이번에는 진짜로 잘할게요"라고 말하며 경솔하게 일을 맡고서는 또 실패한다. 언제나 "정말 미안해요. 이번에는 진짜로 잘할게요"라는 식이다.

이런 사람은 언제 진짜로 할지 알 수 없을뿐더러, 정말로 실력 발휘를 못 해서 실패한 것인지 아니면 원래 능력이 없는 것인지 알 수 없다. 그러나 어느 쪽이든 신용할 수 없는 사람임에는 틀림없다.

70

"고민이 없어서 좋겠다"
– 언제까지나 고민에 끌려 다니는 사람

언제나 즐거운 일만이 우리를 기다리지는 않는다. 지겨운 상사, 제멋대로인 손님, 늘 잔소리만 해대는 부모, 말을 안 듣는 아이…… 등등, 스트레스는 끝이 없다.

일, 가정, 사랑, 건강이나 인간관계에 대한 고민이 늘 우리를 괴롭힌다. 운 나쁠 때는 이런 문제가 한꺼번에 밀려와 '바람 잘 날 없다'는 생각이 들 때도 있다.

이럴 때 밝고 명랑한 얼굴로 아무 고민도 없어 보이는 사람을 보면 부러운 것이 당연하다. 그러나 보통은 "고민이 없어서 좋겠네요"라고 직접적으로 말하지 않는다.

겉으로는 밝게 웃고 있지만 속으로는 무슨 고민이 있을 수도 있고 자칫하면 "고민이 없어서 좋겠네요"라는 말 자체가 칭찬이 아니라 "만사태평해서 좋겠네요"라고 빈정거리는 말투로도 들릴 수 있기 때문이다.

그런데도 아무렇지도 않게 다른 사람을 향해 "□□ 씨는 고민이 없어서 좋겠네요" 하고 말하는 사람의 심리 상태는 어떻게 설명하면 좋을까? 상대방의 심정조차 헤아릴 여유가 없을 만큼 자기 문제로 머리가 꽉 차 있다? 원래부터 다른 사람의 기분 따윈 아랑곳하지 않는 자기 중심적인 사람? 그것도 아니면 다른 사람을 부러워만 하고 자신의 고민은 해결하려고 노력하지 않는 사람?

작은 문제들을 하나하나 해결하기 위해 노력하지 않고 그대로 쌓아온 사람들일수록 자신의 노력으로 문제를 극복하는 이들의 밝은 모습을 보고 질투하는 법이다. 조금씩 노력해가는 일이 우리 인생에서 얼마나 중요한 일인지 잘 말해주는 대목이다.

71

"과학적으로 설명되지 않는 문제도 있잖아?"

– 완전한 어른이 되지 못한 사람

우리 주위에는 나스카의 지상회화나 이집트의 피라미드, 이스터 섬의 모아이상, 영국의 스톤헨지 등, 고대문명이 남긴 자취 혹은 UFO(미확인비행물체)나 유령처럼 과학으로 설명하기 힘든 불가사의한 일이 실제로 많이 존재한다.

얼음의 세계라고 여겼던 행성이나 위성에 생명체가 존재한다고 는 하나, 아직은 실체가 없는 가설에 불가하다. 현대사회를 과학

만능 시대라고 부르지만 아직 과학으로 풀이되지 않는 부분도 상당수 존재한다.

그렇지만 우리는 과학에 근거해서 사물과 현상을 판단하려고 한다. 오랜 조사와 경험을 통해 언젠가는 과학적으로 옳고 그름이 가려지고 새로운 이론이 성립되고 경신된다는 사실을 알기 때문이다.

그러나 때로 우리 주변에는 "아무리 그래도 과학적으로 설명되지 않는 부분도 있잖아?" 하면서 앞뒤가 맞지 않는 논리를 주입하려는 사람이 있다. 이런 사람은 유령이 있다든가 UFO에 화성인이 타고 있다든가 하면서 필사적으로 자신의 논리를 피력한다.

그들에게는 모두가 인정하는 상식이나 신념이 현실이라는 사실을 받아들이고 싶지 않다는 잠재의식이 깔려 있다.

"정말로 이상적인 세계가 어딘가에 존재하지 않을까?"

"나는 원래 천재가 아니었을까?"

그들은 이렇게 어린아이 같은 꿈을 계속 꾼다.

그것이 구체적이고 현실적인 꿈이라면 문제될 게 없겠지만, 이처럼 환상적이고 허무맹랑한 꿈을 계속 꾼다는 것은 자신의 노력으로 세상을 변화시키고 자기 자신을 변화시켜야 한다는 인식이 없다는 증거다. 즉, 아직 어른이 되지 못했다는 말이다.

이런 사람 중에는 나름대로 해박한 지식을 가진 사람도 있는데, 그들을 보면 어딘가 정신적인 밸런스가 맞지 않는 느낌이 들기도 한다.

72

"나한테는 안 맞는 것 같아"

– 노력할 마음이 없는 사람

늘 자기가 꿈꾸던 일을 하는 사람이 얼마나 될까? 어떤 사람은 자기가 좋아하던 일을 하다가 도중에 접는 경우도 있다. 프로야구 선수나 축구 선수가 은퇴한 뒤 삶의 의욕을 상실하고 범죄에 손을 댔다는 뉴스도 가끔 들린다.

성공한 사람이 텔레비전이나 책에서 "노력하면 언젠가 꿈은 반드시 이루어진다"고 말하는 소리를 종종 듣지만, 그렇지 않은 경우도 태반이다. 승자가 있으면 패자가 있기 마련이다. 사람마다 각각 재능도 다르고 운도 다르다. '반드시'는 무책임한 발언이다.

좋아하는 일과 잘하는 일은 다르다. 아무리 화가가 되고 싶어도 그림에 재능이 없으면 유명한 화가가 되지 못한다. 취미로 시작했지만 자신이 가진 재능에 눈뜨게 되고 그것을 인정받아 일류가 되는 사례도 있다. 이처럼 누구에게나 '맞고 안 맞는 일'이 있는 법이다.

그러나 샐러리맨으로서 주어진 일을 수행하는 것은 특별한 재능이 필요하다고 보기 어렵기 때문에 "나한테는 안 맞는 것 같아"라는 변명은 통하지 않는다.

30년이나 영업을 해왔던 사람이 갑자기 경리 일을 맡아 PC 앞에서 하루 종일 컴퓨터와 씨름하며 "이건 나한테 안 맞아"라고 불평을 하는 심정은 충분히 이해가 간다. 그러나 자기의 능력이 무엇인지조차 아직 모르는 젊은 샐러리맨이 입사해서 업무를 시작하자마자 "나에게는 맞지 않아"라고 말하는 것은 어불성설이다.

그 내면에는 '이 일 꽤 골치 아프겠는데'라며 지레짐작으로 겁을 먹은 마음과 '별로 열심히 하고 싶지 않은데' 하는 게으른 마음이 숨어 있다.

조금만 노력하면 충분히 할 수 있는 일도 '맞지 않다'고 덮어버리고 시도조차 하지 않는 사람은 자기의 가능성마저 좁히는 우를 범하는 사람이다.

그렇지만 다행스러운 것은 이런 사람은 조금만 자기를 두둔해주고 격려해주는 사람이 있으면 "생각했던 것보다는 맞는 것 같은데" 하면서 금방 마음이 바뀌기도 한다는 점이다. "나에게는 영업이 맞지 않아", "나에게는 회계가 맞지 않아" 하는 사이에 "나에게는 모든 일이 맞지 않아"라는 말까지 나올지도 모른다.

73

"내가 젊었을 때는 말이지······"

– 지금의 자신을 위로하고 있는 사람

젊은 세대를 지도할 때 자신의 체험담을 예로 들어 설명하는 것이 반드시 나쁘다고는 할 수 없다. 하지만 말끝마다 자신의 과거를 들먹이면 지도의 효과는 반감되고 만다.

급기야 자기 자랑조로 같은 말을 반복한다면 듣는 쪽도 짜증이 난다. 사석에서 자기 자랑을 일삼는 상사와의 술자리는 가급적 피하고 싶은 것이 인지상정이다.

"내가 젊었을 때는 말이야……" 하면서 자기가 젊었을 때 정력적으로 일했던 경험을 늘어놓는 사람의 심리는 단지 그 시절에 대한 그리움 때문만은 아니다.

그것은 '형편없어 보이는 현재의 자신을 위로하는' 행위의 일종이다. 일은 안 풀리고 의욕도 안 생기고, 어쨌든 현재의 자기 자신이 불만족스럽다. 이런 사람은 일뿐만 아니라 사적으로도 즐거운 이야깃거리가 없다.

호기심도 없고, 무엇을 배우고 싶다는 의지도 없고, 세상 돌아가는 물정도 잘 모르는 이런 사람은 이미 과거 속에 묻힌 사람이라고 말해도 좋을 정도다.

그렇지만 이런 현상은 일시적으로 나타났다가 없어질 때도 많으니 너무 걱정하지 말기 바란다.

"지난주에 □□물산 상무하고 골프를 쳤는데 말이야. 옛날부터 잘 알고 지내던 사람이라 얘기가 잘되면 다시 일이 잘 풀릴 것 같아"라고 생기 넘치는 얼굴로 삶에 다시 박차를 가하게 될 때도 있다.

74

"나를 믿으라니까"

− 누구에게도 신용을 얻지 못하는 사람

사람이 사람을 신뢰하고 신용하는 것은 그동안 그 사람이 보여
준 태도에 대한 기억이 있기 때문이다. 절친한 친구를 신뢰할 수
있는 것은 곤란을 겪을 때 고민을 나누고 도움을 주고받은 경험이
있기 때문이다. 내가 혹시 실수를 하더라도 친구가 이해해주고 보
듬어주리라는 것을 안다. 이런 것들이 모두 신뢰를 쌓는 밑거름이
된다.

반대로, 연말이 되면 무리하게 연내 사업비 쓰기에만 급급하거나, 실속 없는 출장을 간답시고 혈세를 빨아 먹는 공무원이나 국회의원들은 나쁜 실적만 쌓아왔기 때문에 국민의 신뢰를 받기 힘들다.

세상에는 "나를 믿으라니까" 혹은 "저를 믿고 맡겨주세요", "속는 셈치고"라는 말을 자주 남용하는 사람이 있다. 이런 사람은 자신이 신뢰받지 못한다는 사실을 누구보다도 잘 알고 있다. 신뢰받을 만한 증거와 실적이 없기 때문에 "믿어주세요"를 연발할 수밖에 없다.

대개 우리는 이렇게 열심히 "나를 믿어주세요" 하고 머리를 조아리는 사람을 보면 마음이 약해지는 법이다. 하지만 그들에게는 마음을 빼앗기지 않는 것이 상책이다. 그것이 서로를 위해서 좋다. 금방 꼭 갚겠다는 말을 믿고 친척에게 돈을 빌려주었다가 사이만 틀어지는 경우가 허다하지 않은가?

75

"그는 꼼꼼한 A형이니까"

– 자신의 형편에 맞게 상대방을 판단하는 사람

"그 사람, 도쿄대 출신이라 그런가, 왠지 사람을 깔보는 경향이 있단 말야" 혹은 "그 여자 의사 딸이라 그런가? 자기만 안다니까"라는 식으로 말하는 사람이 있다. 이런 사람은 한 가지 사실을 근거로 다른 사람의 성격을 판단해버리는 편견으로 똘똘 뭉친 단순한 사람이다.

이런 성향은 깊게 생각하기 싫어서 그러는지 몰라도, 한 가지 사고에서 벗어나지 못하는 단순한 성격의 소유자에게서 많이 나타난다.

"A형은 성격이 꼼꼼해"라든가 "머리가 짧은 사람은 행동파야" 또는 "나고야 사람들은 모두 구두쇠야" 등등, 모든 현상을 이런 관점에서만 본다. 물론 비슷한 경향이 있을 수도 있다. 그러나 어디까지나 인간은 한 사람 한 사람 모두 다른 개성의 소유자다. 그럼에도 불구하고 "저 사람은 나고야 사람이라 구두쇠야"라는 식으로만 자신이 평가받는다면? 본인은 물론 그 주변 사람에게도 불행한 일이 될 것이다.

내가 아는 어떤 사람이 다른 부서로 발령을 받았다. 그때 새로 옮긴 부서에 있던 선배가 "부장님은 단카이 세대(2차 세계대전이 끝난 1947~1949년에 태어난 일본의 베이비붐 세대)라 이상만 높아서 골치 아프다"라고 말하는 것을 듣고 그런 줄만 알고 있었다고 한다. 그런데 시간이 지나면서 그 선배의 말이 전혀 틀리다는 것을 알게 되었다고 한다.

부장은 이상만 높은 사람이 아니라 의욕적으로 일하는 사람이었다. 오히려 '단카이 세대' 운운했던 그 선배가 대충대충 일을 하는 사람이었다. 그 선배는 부장을 '단카이 세대'라고 치부하고 자신의 게으름을 정당화하고자 한 것이다.

한 가지 요인만을 거론하여 자신의 입장에 유리하게 다른 사람을 판단해서는 안 된다. 결국 그 화는 자기에게 돌아온다는 사실을 명심하라.

76

"저 말인가요?"

– 자신에 대한 콤플렉스가 있는 사람

유행어는 어느 시대에나 존재한다. 한 세대 전의 젊은이들은 별 것 아닌 일 가지고도 "진짜? 진짜?" 하면서 수선을 떨었고, 지금은 '짱'이라는 말을 여기 저기 갖다 붙이며 호들갑을 떤다.

요즘 학생이나 젊은 사회인 중에는 이상한 말을 하고도 아무렇지도 않게 생각하는 사람을 종종 볼 수 있다. 예를 들면 연구실에서 나와 어떤 학생 둘이서 자료 정리를 하고 있다고 가정해보자.

조금 떨어진 장소에 있는 학생에게 내가 이렇게 말을 건다.

"□□ 군, 이리 좀 와보게"라고.

그러면 보통 "네"라는 대답이 돌아올 것이라고 생각하지 않는가? 그런데 의외로 "저 말씀이신가요?"라는 반문이 돌아올 때가 많다. 나와 그 학생밖에 없는 공간에서 "□□ 군"하고 이름을 불렀는데 "저 말씀이신가요?"라니……. 아무리 생각해도 이해가 가지 않는다.

이뿐만이 아니다. "저 말씀이신가요?"는 이럴 때도 사용된다.

"□□ 군, 이 문제에 대해 어떻게 생각하는가?"

"네? 저 말인가요?"

믿지 못하겠다는 사람도 있겠지만 지금의 젊은 세대들은 이것을 이상하게 여기지 않는다. 그렇기 때문에 실례되는 일이라고도 느끼지 않는다. 농담이 아니다. 성실하고 평범한 학생들조차 이런 대답을 한다.

"저 말인가요?"라는 말 속에는 '대답해야 하는 건가?'라는 반발심이 무의식중에 내재되어 있다. 그러나 이렇게 대답하는 사람들 대부분은 반발심은커녕 그런 의식도 없다고 생각한다.

이렇게 당연한 사실을 되묻는 행위는 일종의 콤플렉스가 원인이다. 앞의 사례에서는 '어려운 일을 시키면 어떻게 하지?' 하는 불안함이 무의식 속에 내재되어 있을지도 모른다. 혹은 자신의 존재감에 대한 자신이 없거나 갑작스런 부름이나 질문에 당황해서 "저에게 말씀하고 계신가요?"라고 확인하는 차원일 수도 있다. 물론 때로는 거부감의 표현으로 사용할 때도 있지만 말이다.

77

"그거 나도 알아!"
– 앞을 내다보지 못하는 사람

몇 명이 모여 대화를 나누고 있을 때 이야기의 주도권을 쥐고 있는 사람이 있는가 하면 아무 말도 하지 않고 묵묵히 듣고만 있는 사람도 있다. 말이 많은 사람은 자기가 이야기를 많이 하기 때문에 스스로를 꽤 똑똑하다고 생각하는 경향이 있다. 물론 똑똑하니까 대화를 이끌어간다는 사실은 인정한다.

그러나 귀동냥으로 주워들은 정도의 지식을 가지고 "맞아, 그 얘기 나도 알아. □□ 얘기지? 나는 별로 흥미 없지만……" 하면서 대화에 끼어드는 사람이 있다. 이런 사람이 과연 똑똑한 사람일까?

특히 새로운 기술이나 세계정세 등을 논할 때 자세히 알지도 못하면서 아는 척하거나 잘 알아보지도 않고 '좋다' 거나 '싫다' 를 운운하는 것은 자기의 경박함을 공언하는 것밖에 되지 않는다.

다행히 그때는 아무도 눈치 채지 못했다고 하더라도 나중에 사실이 들통 나면 "저번에 □□ 말이야, 잘 알지도 못하면서 괜히 아는 척한 거더라"라는 말을 듣거나 수모당하기 딱 좋다.

피치 못할 사정으로 '모른다' 고 말하기 힘든 상황이라면 먼저 잠자코 이야기를 듣자. 그러고 나서, "대단하시네요, 저보다 훨씬 자세히 알고 계시네요" 하고 칭찬해주자. 그런 다음 나중에 공부를 해서 알아두면 된다. 그리고 그 다음에 우연히 다시 기회가 생기게 되면 자신이 알고 있는 지식을 말한다. 그러면 상대방은 '이렇게 잘 알고 있으면서도 지난번에 내 얘기를 들어주었구나. 겸손한 사람인걸' 하면서 존경하는 눈빛으로 당신을 바라보게 될 것이다.

CHAPTER 6

인간의 본심,
어떻게 읽을까?

78
길거리에서 다닥다닥
붙어 가는 샐러리맨들은
'마음의 불안'과 싸우는 중이다

점심시간에 오피스가에 나가 보면 좁은 도로를 점령한 채 두 줄, 세 줄씩 짝을 지어 걷고 있는 넥타이부대가 심심치 않게 보인다. 나름대로 좋은 회사에서 나름대로 인정받을 만한 지위를 가진 사람들이지만, 서로 길을 양보하려는 마음은 없어 보인다.

양보나 매너, 에티켓을 모를 리 없는 그런 집단의 행렬에서 어떨 때는 왠지 모를 긴장감마저 감돈다.

왜 그럴까? 그것은 회사 사람들과 함께하는 점심시간은 점심시간이면서 점심시간이 아니기 때문이다.

밥을 먹으러 가는 그들에게는 '오늘은 저 인간 옆에서 비위를 맞춰야지' 혹은 '밥 먹으면서 이번 인사발령에 대해 좀 물어봐야지' 하는 속셈이 있을 수도 있다. 상사와 동료가 나란히 같이 걸으면서 대화를 나누는 장면을 보면 '나만 뒤에서 따돌림을 받는 느낌'이 들어 좌불안석이 되기도 한다.

경쟁이 치열한 회사일수록 동료는 한패면서 한패가 아니다. 누가 올라가고 누가 처지는가 하는 문제는 한 치도 양보할 수 없는 절체절명의 중요한 사안이다.

과장과 네 명이서 걸을 때 두 명씩 두 줄로 걸으면 좋을 것을, 억지로 세 명이 걸으려고 하거나, 남은 한 사람은 신호가 바뀌기를 기다리면서 그 사이를 파고들려고 안간힘을 쓴다. 이런 모습이 추하게도, 안쓰럽게도 때로는 우습게도 보이지만 출세에 뒤처질지도 모른다는 '마음의 불안'이 만들어내는 광경이라 생각하니 씁쓸한 마음이 앞선다.

만약 둘이서 좁은 길을 걷고 있는데 앞에서 다른 사람이 걸어온다면 당신은 어떻게 하겠는가? 한 줄로 비켜서서 길을 양보하겠는가?

앞에 오는 사람에게 방해가 되지 않도록 한 줄로 비켜서는 사람은 누구에게나 마음을 쓸 줄 아는 배려심 깊은 사람이다. 그러나 함께 걷고 있는 사람에게만 신경이 쏠려 앞에 오는 사람은 안중에도 없다면? 분명 무신경한 사람일 것이다. 무신경하기 때문에 자신의 욕구, 즉 어떻게 하면 상사의 마음에 들까에만 신경 안테나가 집중된다.

나란히 걸으면서 보도를 점령하는 주부들도 마찬가지다. 그녀들에게는 자기가 하고 싶은 이야기, 듣고 싶은 이야기 이외에 타인은 안중에 없다. 자신의 욕구에 충실한 것도 좋지만, 길을 양보하는 정도의 마음의 여유는 가졌으면 하는 바람이다.

79
전철 안에서 화장을 하는
여성은 나이가 들수록
화장이 점점 두꺼워진다

역의 플랫폼에서 화장을 하고 있던 젊은 여성에게 주의를 주던 중년 여성이 선로에 떨어진 사건이 있었다. 화장을 하던 여성이 화가 나서 주의를 주던 중년 여성을 밀친 것이다. 다행히 생명에는 지장이 없었으나 주의를 받았다고 앞뒤 가리지 않고 덤벼드는 이런 사건을 대할 때마다, 역시 '보고도 못 본 척' 하는 것이 상책인가 하는 무거운 마음이 든다.

역이나 전철 안에서 화장을 하는 여성은 왜 다른 사람의 시선에도 아랑곳하지 않고 그런 행동을 할까?

그것은 자기에게 필요하지 않은 정보(여기서는 다른 승객)는 아예 무시하는 심리에서 기인한다. 그렇게 하지 않으면 '지쳐 피곤해지기' 때문이다. 이런 심리에 젖게 되면 다른 사람의 시선 따윈 신경쓰지 않게 된다.

어떤 여성은 전철을 타는 동안 낭비되는 시간이 아까워 그 시간에 화장을 한다는 사람도 있다. 그렇게 시간이 아까우면 다른 사람들처럼 독서를 하거나 잠깐 눈을 붙이면 될 텐데.

그녀들에게 눈앞에 있는 사람들은 하나의 풍경에 지나지 않는다. '전철에 사람이 있든 말든 내 눈에는 풍경으로밖에 안 보여'하는 뻔뻔함의 극치를 보여주고 있는 셈이다.

자기와 관계가 있는 특정한 사람에게만 예쁘게 보이면 그만이다. 그 이외 다른 사람에게는 관심조차 없다는 사고방식에는 사회성이 결여되어 있다. 게다가 자기밖에 모르는 그런 심성은 얼굴에도 드러나는 법이므로 그런 사람들은 나이를 먹을수록 화장이 점점 진해질 수밖에 없지 않을까?

80

늦은 밤까지 소란을 피우며 떼로 몰려다니는 젊은이들은 구제불능이다?

벚꽃 시즌이 되면 몇몇 공원에서는 젊은 사람들이 심야까지 불꽃놀이를 하거나 고성방가에 소란을 피우는 통에 주변 사람들은 물론 경찰들까지도 애를 먹는다고 한다.

그런 소동을 일으키는 사람은 대개 대학생이다. 지성의 상아탑이라 불리는 대학에서 지성과 교양을 익히는 대학생들이 어째서 그런 기본적인 매너조차 익히지 못했는지 안타까울 따름이다.

잘못된 행동은 부모의 가정교육 탓도 크겠지만 이제 와서 가정교육 운운해봐야 무리일 터이니, 이쯤 되면 학교나 행정 당국이 손을 써야 한다고 생각한다.

그렇다면 밤늦게까지 아무 의미 없이 소동을 피우면서 떼로 몰려다니는 젊은이들은 정말로 구제불능일까? 모두 싹 쓸어다가 유치장에 넣거나 형무소에라도 넣어야 할까? 물론 개중에는 정말 구제불능인 사람도 있겠지만 한 사람씩 이야기를 나누다 보면 생각보다 말귀를 알아듣는 착실한 젊은이들이 대부분이다.

심야까지 소란을 피우는 이유에는 몇 가지가 있다. 첫 번째는 집단 심리다. 이것은 젊은 세대들에게만 국한된 문제는 아니다. 혼자서는 못 하지만 집단을 이루면 무슨 일이라도 할 수 있을 것만 같은 용기가 생긴다. 혼자서 못 하는 만큼 한번 발동이 걸리면 브레이크가 말을 듣지 않는다. 여기에 더해진 알코올은 이들의 해방감을 가속화하는 데 도움을 준다.

이뿐만이 아니다. 밤은 어른들이 활동하는 시간대가 아니기 때문에 자기들만의 시간과 공간이라는 착각에 빠지게 된다. 그러나 심야에 소동을 피우면서 일부러 다른 사람들에게 폐를 끼치겠다고 생각하는 무식한 바보나, 주의를 받고도 자기들이 뭘 잘못했냐며 오히려 큰소리치는 뻔뻔쟁이는 별로 없다. 너그럽게 봐주자고 말하기에는 무리가 있지만 그렇다고 해서 무턱대고 구제불능이라고 단정하지도 말자. 알고 보면 우리 주변에 있는 평범한 젊은이들이 대부분이니까 말이다.

81

술좌석에서 논쟁하기를
좋아하는 사람은
'답답한 현실'을 호소하고 있다

회사에서는 상사에게 핀잔을 듣고도 말 한마디 못하면서, 동료들과 술자리에 가면 "날 도대체 뭘로 보는 거야! 나쁜 인간 같으니라고. 대머리 □□ 부장, 절대 용서 못 해!"라면서 부글부글 화를 내며 악담까지 일삼는 사람이 있다. '패자가 목소리가 큰 법이다'는 속설을 잘 보여주는 장면이다.

술자리에서 논쟁을 하는 사람도 분위기를 깨기는 마찬가지다.

스포츠 선수 중에 누구를 좋아한다든가 이번 경마 그랑프리에서는 어떤 말이 우승할 것 같다든가 정도의 논쟁이라면 분위기도 화기애애해질 터이니 환영받겠지만, 지나치게 진지한 화제는 '노땡큐'다.

예를 들어 연극이나 문학론은 어떨까. 그리 썩 재미있는 소재는 아니지만 같은 분야에 몸담고 있는 사람들이라면 서로의 관심 분야가 비슷하니 나름대로 즐거운 안주거리가 된다.

그러나 술자리에서 정치나 환경 문제 등을 화제로 피 튀기는 논쟁을 벌이는 사람들은 도대체 무슨 생각으로 그러는 것일까?

단언하건대 술자리에서 제아무리 피 튀기면서 심각하게 논쟁을 해봐야 남는 건 술값뿐이다. 정치판이 달라질 리도 없고 환경이 깨끗해질 리도 없다. 그들도 그런 사실을 충분히 알고 있으면서도 잠자코 있을 수가 없는 것이다.

그 이유는 그런 문제와 맞물려 자기 자신의 속내가 표출되기 때문이다. '이건 이거다'라는 딱 맞는 해답을 찾지 못하는 현실이 답답하기만 하다. 그런 현실에 놓여 있는 자신을 정치나 환경 문제에 오버랩시키고 있는 것에 불과하다.

여기에는 '그렇지만 나는 열심히 현실을 개선하기 위해 이렇게 발버둥치고 있다고. 그런데 왜 다른 사람들은 그렇게 하지 않는 거지' 하는 분노도 섞여 있다.

일과 가정이 원만히 돌아가는 사람은 환경보호 활동에 참여하거
나 투표에 참가하기는 해도 술자리에서 공공연한 논쟁은 하지 않
는다.

82

남편의 험담을 하는
주부는 실제로는
자신이 칭찬받기를 원한다

공원이나 슈퍼 앞에 서서 동네 사람들과 잡담을 나누면서 남편의 험담을 늘어놓는 주부가 있다. 폭력남편도 아니고 그렇다고 가장으로서 가족을 부양하지 않는 것도 아닌데 말이다. 남편이나 자식 흉을 보는 것은 누워서 침 뱉기 아닌가? 그런데 어떨 때는 마치 자랑처럼 들릴 때도 있다.

왜 그녀들은 "우리 집 영감이 말이에요……" 하면서 남편을 바보 취급하면서까지 웃음거리로 만들고 싶어할까? 너무나 불가사의한 부부관계지만 알고 보면 그 심리는 단순하다.

사람은 누군가를 깎아내림으로써 심리적으로 자기 자신이 인정받는다고 느낄 때가 있다. 예를 들어, "저 인간은 머리가 나빠. 나보다 훨씬 나쁘다니까" 하고 다른 사람을 폄하하는 사람이 있다. 이런 사람은 스스로 자기 자신이 머리가 나쁘다는 사실을 자각하고 있으면서 비교하는 대상을 자기보다 더 깎아내림으로써 자신의 알량한 자존심을 지키려고 한다.

남편에 대한 험담도 이와 비슷한 심리에서 기인한다. 사실 본인은 가사도 요리도 똑 부러지게 못 하는 데다가 흥미도 없다. 생활의 즐거움도 없고 보람도 느끼지 못한다. 그렇지만 스스로 생각했을 때 자기는 그렇게 못난 사람이 아니다.

남편은 자주 티셔츠를 뒤집어 입거나 속옷을 뒤집어 입는다. 이걸 빌미로 남편을 덜렁이라고 낙인찍고 자기는 남편과는 달리 꼼꼼한 사람이라고 인정받고 싶은 심리를 밑바탕에 깔고서 사람들에게 남편의 험담을 늘어놓음으로써 "나는 그런 덜렁이 남편하고도 열심히 살아가고 있다고요"라고 말하고 싶은 것이다.

'부지런하고 다부지고' 거기에 '인내력까지 갖춘 나'를 칭찬하고 위로해달라. 그리고 자신의 이야기에 공감해달라는 무언의 호소다.

주부는 직장에서 남편이 얼마나 고생하는지 도통 관심이 없다. 그러나 그것은 인정하지 않은 채 자기의 고생을 몰라주는 남편에게만 짜증을 낸다. 남편을 이해하겠다고 마음먹으면 남편의 험담을 하면서 스트레스를 푸는 일 따위는 없을 것이다. 그러나 남편과 아내 둘 중 하나라도 "내가 더 힘들다고!" 하면서 귀를 막는다면? 이는 결코 해결하기 쉬운 문제가 아니다.

83

밤에 삼삼오오 모여 있는 청소년들은 '공허감'을 메우고 있는 중이다

교복을 입은 평범한 청소년들이 방과 후에 딱히 이렇다 할 목적도 없이 편의점 앞이나 공원에서 삼삼오오 모여 있는 모습을 본 적이 있는가? 물론 폭주족이나 불량서클 청소년들과는 거리가 멀어 보인다.

진지하게 무슨 대화를 나누는 것도 아니고 히히덕거리면서 장난치는 것도 아니면서 좀처럼 그곳을 떠나지 않는, 그런 광경이다.

이들은 지극히 평범한 청소년들이다. 다만 마음속에 조그만 구멍이 뚫려 있어 같은 동지들끼리 그 허전함을 메우고 있는 중이다.

누구나 그렇듯이 청소년들도 서로 공감할 수 있는 사람과 함께 있고 싶어하고, 이야기를 나누고 싶어한다. 그래서 집으로 돌아가 부모나 형제들과 마음을 나누고 싶지만 현대의 가정은 더 이상 그렇게 따뜻한 곳이 아니다.

아버지는 일과 골프밖에 흥미가 없다. 엄마는 집안일과 취미생활로 눈코 뜰 새 없이 바쁘다. 형제들도 게임이나 공부, 클럽 활동 같은 각자의 생활이 있다. 이처럼 가족끼리 공유할 수 있는 부분이 예전에 비해 현저히 줄어들었다.

옛날에는 텔레비전이 한 집에 한 대씩 있었고, 가족이 함께 즐기는 프로그램도 많았기 때문에 가족들과 자연스럽게 얼굴을 마주할 기회가 많았다. 그만큼 서로를 이해할 수 있는 대화를 나눌 시간도 많았던 셈이다. 그러나 이런 단란함은 사라진 지 오래다.

그렇기 때문에 학교나 학원 친구들끼리 모여 서로의 공허감을 메우는 것은 매우 자연스러운 현상이 되었다.

"불량한 애들이나 밤에 그런 데 몰려 있는 거야!" 하고 화내기는 쉽다. 그러나 왜 아이들이 그런 곳에 있는지를 먼저 생각해보자.

죽고 못 사는 단짝 친구가 아니어도 일단 친구들과 함께 있는 것

이 집에 돌아가는 것보다 마음이 편하다고 생각하는 청소년들의
외로움에 먼저 주목하자. '마음이 통하지 않는 가족은 귀찮기만
할 뿐이야' 라고 짜증내는 자녀의 말을 새겨듣자.

84
겨울에도 반팔 옷을
입는 여성은 본심은 무엇일까?

살찐 남자 탤런트들은 겨울에는 티셔츠만을 입는다. 방송국에 있는 지인의 말로는 옷을 두툼하게 입으면 보는 것만으로도 답답할 뿐 아니라 조금만 움직여도 땀이 비 오듯 흘러내리기 때문이라고 한다. 어찌됐던 묘하게 수긍이 가는 설명이다.

그러나 살이 찐 것도 아닌데 겨울에도 반소매나 민소매 옷을 입는 여성이 많다. 도대체 그 이유는 무엇일까? 겨울옷이 없어서?

설마 그럴 리가.

　그 이유는 단순하다. 자기에게 반소매나 민소매가 잘 어울린다고 생각하기 때문이다. 맨살을 드러내는 게 여성스러운 인상을 풍긴다고 생각하는 사람도 있으며, 발랄한 느낌의 반소매가 자신의 매력을 더 잘 발산한다고 생각하는 사람도 있다.

　그녀들에게는 추위보다도 멋이 우선이다. 어떻게 느끼는가보다는 어떻게 보이는가를 우선시한다. 포인트는 거기에 있다. 이들은 "멋쟁이가 되는데 추위쯤이야"라고 말한다. 다소 계절에 맞지 않더라도 자기를 더욱 돋보이게 하기 위해서 노력을 아끼지 않는 태도. 이것이야말로 멋쟁이들의 자세다. 아무리 그렇대도 여름에 모피 코트를 입는 사람은 없지만.

　당신 주변에 혹시 라면으로 끼니를 때우면서도 명품이라면 사족을 못 쓰는 사람이 있지 않은가? 이런 사람도 좋게 말하면 멋진 패션 감각의 소유자다.

　그러나 남성이 겨울에 반소매나 민소매를 입고 있다면? 그것은 자신의 근육을 보이고 싶은 것이다. '어때? 내 패션 멋지지 않아?' 가 아니라 '어때? 내 팔뚝 근육 대단하지 않아?' 하고 자랑스럽게 자신의 몸을 내보이고 싶은 심리다.

85

니트족은 왜 마음의
성숙을 이루지 못한 채
어른이 되었을까?

니트(Not in Employment, Education or Training)족이라 불리는 말 그대로, 취직도 하지 않고 학교에 다니지도 않고 취직을 위한 훈련도 받지 않는 젊은이를 프리터(프리아르바이트의 준말. 필요할 때 아르바이트를 하면서 생계를 이어가는 사람)와 같은 개념으로 취급하는 경우도 있다. 그러나 이들 니트족은 아르바이트로 생계를 이어가는 프리터와는 그 본질이 확연히 다르다. 니트족은 스스로 경제 활

동을 하면서 생계를 이어가겠다는 의지 자체가 없는 사람이다.

'학교 졸업과 동시에 취직, 일하지 않는 자 먹지도 말라.' 적어도 20년 전까지는 이런 가치관이 당연하게 받아들여졌다. 부모 또한 일하지 않고 빈둥거리는 자식을 그냥 두고 보지 않았다.

그러나 지금은 일하지 않아도 굶어 죽을 걱정은 없다. 꼭 일해야 한다는 의무도 없고 그냥저냥 살면 되니 이보다 더 편할 수는 없다. 한번 여기에 맛을 들이면 일자리를 찾는 것조차 귀찮아진다. 무슨 일이든 '다른 사람이 해주겠거니' 하고 자기는 점점 안락함만을 추구한다. 부모는 부모대로 '언젠가 정신 차리겠지' 하고 문제의 심각성을 애써 외면한다.

니트족이 일하지 않는 이유는 각자의 상황에 따라 다르다. 그러나 이들은 정신적으로 자립하지 못한 채 몸과 머리만 자란 아이들이라는 공통점을 가지고 있다. 즉, 몸과 마음만 어른일 뿐, 정신은 미숙한 채인 것이다.

노력해서 무언가를 이루는 행복을 모르는 사람은, 행복은 누군가가 주는 것이라고 생각하기 때문에 스스로 사회에 적응하겠든가 혼자 힘으로 무엇을 해내겠다는 의지가 없다.

이런 사람은 부모와 사회에 대한 의존심만 있는 주제에 자존심만은 하늘을 찔러, 부모뿐만 아니라 세상까지 우습게 본다. 그리고는 되는 대로 살아간다.

　미래가 불투명한 사회일수록 '노력해도 헛수고가 아닐까' 하는 불안감이 팽배하기 마련이다. 현대사회는 안락함과 즐거움만을 찾아 현실에서 도피할 수 있는 요소가 도처에 널려 있다. 그러나 그러한 속에서도 대부분의 보통 사람들은 자신의 힘으로 살아가기 위해 노력한다.

　자신의 인생 목표를 찾지 못하고 갈팡질팡하는 젊은이들이 한시라도 빨리 정신적으로, 경제적으로 자립하여 번듯한 사회인으로서 살아가기 위해 노력하는 모습을 보여주었으면 하는 바람이다.

86

최신 용어를 쓰고 싶어하는 사람에게는 우월감을 맛보고 싶은 심리가 숨어 있다

"브로드밴드나 온디먼드 인쇄가 가능한 인프라는 당연하다 치고, 리피터를 늘리기 위한 유니버셜 디자인과 같은 다양한 비즈니스 솔루션이 필요한 시대이니만큼……."

듣기만 해도 머리가 지끈지끈 아파온다. IT 관련 기업이라면 이런 용어들을 당연하게 쓰겠지만 그렇지 않은 기업에서 누군가가 이런 식으로 전문용어를 남발한다면? "지금 뭔 나라 말 하시나요?" 하고 핀잔을 받을 게 뻔하다.

대학취업본부에서는 학생들에게 면접할 때 면접관 앞에서 영어를 너무 많이 섞어 쓰지 않도록 주의를 주고 있다고 한다. 면접관의 질문에 대답할 때 정확하게 의미를 전달하지 않으면 면접관이 평가하기가 힘들어진다는 이유도 있겠으나, 자기의 의견을 이해하기 쉽게 전달하지 못하는 것은 커뮤니케이션 능력이 부족하다고 인식되기 때문이라고 한다.

혹시 당신의 회사에도 이런 사람이 있지 않은가? 일반화되지 않은 전문용어를 쓰지 못해 안달이 난 사람.

그들의 숨은 의도는 과연 무엇일까?

대답은 간단하다. 자기가 다른 사람들보다 앞서 나간다는 사실을 피력하고 싶은 것뿐이다. '보라고, 난 이렇게 열심히 공부하고 있다고'를 과시하면서 '당신은 나보다 멀었어'를 강조한다. 좀더 노골적으로 말하면 그런 사소한 일로 우월감을 느끼고 싶어하는 것이다.

물론 모든 사람이 그렇지는 않다. 모국어보다 외국어를 쓰는 게 편한 사람도 있고 정말로 열심히 공부하는 사람이라 새로운 전문용어라는 의식 없이 자연스럽게 쓰는 사람도 있다.

그런 사람은 상대방이 모른다고는 생각하지 못하기 때문에 잘난

척하는 얼굴을 하지 않을뿐더러, 상대방이 "그 말, 뜻이 뭐야?" 하고 묻는다 해도 "이 말, 뜻도 몰라?" 하면서 의기양양한 표정도 짓지 않는다. 그저 자연스럽게 그 뜻을 설명해준다.

87

혼자 노래방에 가는 사람은
주목받기 위해
필사적으로 노력한다

골프 연습장이나 배팅 연습장은 연습을 하기 위해 가는 곳이다. 그러나 노래방이나 볼링장은 대부분 연습이 아니라 친구나 동료들과 즐기기 위해 가는 곳이다. 그런데 혼자서 노래방에 가는 사람도 있다. 혼자 가서 무슨 재미가 있냐고 묻고 싶지만, 각자 나름대로의 이유가 있다.

그런 사람들을 유형별로 살펴보자.

첫 번째는 다른 사람이 같이 가주지 않기 때문에 혼자 가는 사람이다. 이런 사람은 어찌 보면 참 안쓰러운 '왕따' 형이다. 두 번째는 다른 사람들의 방해를 받지 않고 노래를 마음껏 부르고 싶은 사람 혹은 정말로 음악에 취미가 있는 '나홀로 가수' 형이다. 세 번째는 단순한 '나르시스트'. 다시 말해 다른 사람의 존재 따윈 관심이 없는 '자아도취' 형이다.

그리고 가장 흔한 형으로는 '혼자서 마음 놓고 노래 연습을 하고 싶은 '나홀로 연습' 형이다. 이런 사람은 가수가 되기 위해서가 아니라 다른 사람과 함께 갔을 때 '갈채를 받고 싶은' 욕구를 가지고 있는 사람이다.

'혼자서 무슨 재미로 노래방을 가지. 칙칙한 사람이네' 라고 생각하면 오산이다. 본인은 사람들의 주목을 받기 위해 필사적으로 혼자서 맹훈련을 하고 있는 중이다. 사람들의 시선과 박수갈채를 꿈꾸면서. 개중에는 그런 노력이 전혀 무의미한 사람도 있지만 말이다. '그런 정열을 다른 데 쏟는다면……' 하는 안타까운 마음이 들기도 하지만 이것 또한 쓸데없는 참견이다. 어디까지나 그 사람의 가치관이고 인생인 것이다.

88
영어학원에 다니는 주부는 '늙어가는 현실에 대한 불안'을 쫓고 싶어한다

"이런 글로벌 사회에서 영어 정도는 할 줄 알아야……"라고 말하는 사람이 있다. 그러나 이런 사람치고 제대로 영어를 할 줄 아는 사람은 드물다.

초등학교에서부터 영어를 가르치고 있지만 일류대학 출신자들 중에서도 영어를 제대로 구사하는 사람은 별로 없다. 영문과를 나와도 외국인과 대화를 나누지 못하는 사람이 부지기수다. 하물며 영어 교사들조차 실력이 의심스러운 사람이 많다.

영어가 반드시 필요한 것일까? 비즈니스에서 영어가 꼭 필요한 사람이면 몰라도 대부분의 보통 사람들은 해외여행에서 불편함이 없을 정도면 되지 않을까?

그러나 전업주부 중에는 비싼 돈을 내고 영어학원에 다니며 비싼 교재도 마다하지 않는 사람이 적지 않다. 그녀들은 왜 일상생활에서 그다지 필요도 없는 영어에 집착할까?

여기에는 몇 가지 요인이 숨어 있다.

먼저, 학교에서 못 다한 공부를 하고 싶은 마음이다. 주부가 되어 시간적으로 여유가 생기면서 '고등학교 때 영어를 곧잘 했는데 영어를 전문으로 쓰는 길을 가지 못했다'는 아쉬움이 향학열을 불태운다.

또 다른 요인은 매일매일의 단조로운 가사노동에서 삶의 보람을 느끼지 못하기 때문이다. 영어 공부에 매진하면서 '이렇게 매일 똑같은 일을 반복하면서 남은 인생을 보내야 하는 것인가?' 하는 불안을 떨쳐내려는 심리다.

그녀들에게는 영어학원이 삶의 자극이고 다른 사람과 자신을 이어주는 가교다. 못하던 것을 잘하게 되었을 때 느끼는 보람도 삶의 활력이 된다. 가사노동에서는 느끼지 못했던 뿌듯한 체험이 학원을 계속 다니게 만든다.

'별 필요도 없는 영어 공부에 돈을 낭비한다'고 생각할지도 모르겠으나, 인생이 풍요로워진다면 그것도 좋은 일이 아닐까? 그리하여 스스로 행복해지고 그 기운으로 다른 이를 행복하게 한다면 간단히 '낭비'라고 할 수는 없지 않겠는가?

89

술집 종업원에게
신세한탄을 늘어놓는 사람은
자신의 본래 모습을 모른다

바에 근무하는 어떤 지배인에게 "제일 힘든 일이 뭐냐?"고 물었을 때 "매일 출근하다시피 와서 이런저런 신세한탄을 늘어놓는 손님을 상대하는 일"이라는 말을 들은 적이 있다.

술집에서 주인이나 종업원에게 신세한탄을 늘어놓는 사람은 대개가 외로움을 많이 타는 사람이다. 많은 종업원을 거느린 회사 경영자도 본심을 털어놓을 데가 없으면 술집에서 이야기 상대를 찾는다. 갓 부임한 샐러리맨도 고독감을 달래기 위해 술집 카운터에서 시간을 보낸다. 그렇다고 항상 신세한탄만 늘어놓는 것은 아니다. 때로는 밝은 대화로 즐거운 시간을 보내기도 한다.

입만 열면 신세한탄을 하는 사람은 일상생활에서 불만이 가득차 있는 사람이다. '이 세상은 불공평하고 불합리하고, 바보들만 득실거린다', '세상이 나를 몰라준다'고 생각하는 사람이 다른 사람에게 신세한탄을 늘어놓는 법이다.

술집 종업원들은 서비스업에 종사하는 만큼 '이 손님, 정말 사람 짜증나게 하는군' 하고 생각해도 손님의 말에 장단을 맞출 수밖에 없다. 그것을 아는지 모르는지 짜증나는 손님은 언제까지고 이어지는 신세한탄과 다른 사람 험담에 시간 가는 줄을 모르고 자리를 뜨지 않는다.

다른 사람은 자기를 상대해주지 않으니 계속 술집을 드나들게 되는 것이다. 본인은 그것으로 스트레스가 풀릴지 몰라도 듣는 사람은 죽을 맛이다.

또한 자기가 기대하는 만큼 주변 사람들이 따라주지 않는다고 원망하고 화내는 사람이 있다. 그런 성격을 가진 사람은 '푸념주의자'다. 자기의 잘못은 나 몰라라 하고 다른 사람 탓만 한다. '정치판이 썩었네', '세상이 말세니' 하는 푸념을 늘어놓으면서 자신을 이해해주는 사람을 찾아 헤맨들 상대해줄 사람이 있을 리 없다.
이런 사람은 세상에 대해 이러쿵저러쿵 하기 전에 자기 자신을 되
돌아보는 것이 급선무다.

90
도구를 열심히 갈고닦는 사람은 자기 자신을 연마하고 싶어한다

오토바이나 자동차, 골프 클럽, 트럼펫, 색소폰, 카메라, 낚시 도구 등등, 취미에 사용하는 도구를 열심히 갈고닦는 사람이 있다. 어떤 사람은 실제 오토바이를 타거나 색소폰을 불기보다 도구를 갈고닦는 시간이 더 많지 않을까 하는 생각이 들 정도로 열심이다.

"그렇게 좋아하면 연습을 더 열심히 하지그래"라는 핀잔에도 아랑곳하지 않고 도구를 갈고닦기에만 전념하는 사람은 무슨 생각을 하고 있을까?

요인은 두 가지로 생각해볼 수 있다. 한 가지는 '도구나 기구 그 자체를 좋아하는 사람'이다. 악기나 오토바이 등은 보기만 해도 멋지다. 만지고 닦으면서 보는 것 자체를 즐기는 것이다.

또 한 가지는 자기 자신을 갈고닦고 싶은 심리다. 연습해도 마음 먹은 대로 제대로 되지 않는다. 오토바이를 타고 멋지게 달려보고 싶지만 돈도 없고 테크닉도 없다. 어쩔 수 없이 열심히 오토바이에 광을 내면서 대리만족하는 것이다.

프로는 도구를 소중히 여긴다. 그러나 연습은 게을리 하면서 도구만 연마하는 사람은 진정한 프로가 아니다. 갈고닦아야 하는 것은 도구가 아니라 자기 자신임을 알기 때문이다.

91

불끈 화를 잘 내는 사람은
화풀이할 대상을 찾고 있다

일본에서는 요즘 JR열차탈선사고 이래 국철과 사철을 불문하고 역무원에게 폭언을 하거나 폭력을 휘두르는 사건이 급증하고 있다. 아무 잘못도 없는 역무원이나 차장들을 향해 스트레스를 발산하면서 금방 히스테릭해지는 사람의 정신 구조를 분석해보자.

누구나 일상생활에서 불쾌하고 짜증나고 억울한 일을 경험한다. 그렇지만 대부분의 사람은 그 순간을 참아내면서 매일매일을 평온

하고 충실하게 보내기 위해 노력한다. 이런 사람은 어느 순간 불끈 화를 내거나 하지 않는다.

불끈 끓어오르는 화를 참지 못하는 사람은 항상 욕구불만에 가득 차 있다. 자기가 생각했던 것처럼 상황이 돌아가지 않으면 금방 불안해지고 누군가에게 화풀이를 해야 직성이 풀린다.

역 플랫폼에서 전철을 기다리는데 전철이 예정보다 늦게 도착한다는 안내방송이 나왔다고 가정해보자. 연착의 원인이 철도 회사에 있는 것도 아니다. 그런데도 "뭐야, 전철이 또 늦는다고? JR이나 당신들이나 다 똑같은 인간들이구먼!" 하면서 홈에 있는 역무원에게 다짜고짜 화를 내는 사람이 있다.

이런 사람은 평소에도 항상 화풀이할 기회를 노리고 있는 사람이다. 평상시 어떻게 생활할지 안 봐도 알 수 있다. 뿐만 아니라 이런 사람의 인생 또한 불 보듯 뻔하다. 다른 사람을 탓하기 전에 먼저 '자기 자신'을 자각하자.

92

남의 말꼬리를 잡는 사람은
험악한 분위기를
무마시키려고 노력한다?

다른 사람의 사소한 실수를 그냥 넘어가지 않고 툭 하면 말꼬리를 잡는 사람이 있다. 회사 동료 중에는 금방 떠오르는 사람이 없을지 몰라도 학교 다닐 때 친구나 가족 중에는 꼭 이런 사람이 한두 명 정도 있기 마련이다.

남의 말꼬리를 잡는 사람은 얼핏 보면 심보가 못된 사람처럼 보일지 몰라도 여기에는 사소한 실수를 두려워하는 심리가 숨어 있다. 이것은 콤플렉스의 한 단면이기도 하다.

이런 사람 중에는 실수를 했을 때 '바보 취급을 당하지 않을까' 혹은 '머리가 나쁘다고 비웃지나 않을까' 하고 걱정하는 내성적인 성격이 많다.

그러나 보통 때 다른 사람의 말꼬리를 잡으면 자기가 실수했을 때 분위기를 무마시킬 수 있다. 어이없는 실수를 하고도 웃으면서 "아이고, 지난번에 □□랑 똑같은 실수를 했네" 하면서 사람들의 주목을 분산시킬 수 있다는 것을 무의식중에 알고 있다.

이런 사람은 왠지 소심한 사람처럼 보인다. 그러나 이와는 달리 의도적으로 남의 말꼬리를 잡아 분위기를 전환하려는 사람도 있다.

모임의 분위기가 가라앉았을 때, 혹은 누군가 갑자기 뾰로통해지는 바람에 분위기가 싸늘해졌을 때, 분위기를 화기애애하게 띄우기 위한 '일종의 작전'이다.

사람을 웃음거리로 만드는 것은 좋지 않다고 생각할지도 모르겠으나, 결과적으로 웃음거리가 된 사람을 구해줄 목적으로 일부러 말꼬리를 잡는 것이므로 악의는 없다.

예를 들어, 모두가 심각한 회의 도중에 누군가의 실수를 빌미로 웃음을 유발하려는 사람에게, "뭐야, 다들 이렇게 심각한데" 하면서 화를 내기 전에 그 사람의 마음을 헤아려주는 것은 어떨지.